Marion E. Haynes

Persönliches Zeitmanagement

So entkommen Sie der Zeitfalle

UEBERREUTER

Die Deutsche Bibliothek – CIP-Einheitstitelaufnahme

Haynes, Marion E.:
Persönliches Zeitmanagement : So entkommen Sie der Zeitfalle
/ Marion E. Haynes – Wien : Ueberreuter, 1991
(50-Minuten-Training-Script) (Manager-Magazin-Edition)
(Ueberreuter-Wirtschaft)
Einheitssacht.: Personal time management ‹dt.›
ISBN 3-8000-3413-1

S 193 2 3 4 5 / 98 97 96 95

Originaltitel »Personal time management«, erschienen im Verlag Crisp Publications,
Menlo Park, Kalifornien

Fachredaktion: Dr. Peter Kowar
Technische Redaktion: Dr. Andreas Zeiner
Umschlag: Kurt Rendl
Illustrationen: Josef Koo

Printed in Austria

Inhalt

Vorwort

Dieses Buch zum Selbststudium kann Ihnen helfen, ein besserer Manager Ihrer Zeit zu werden, es wird allerdings die Zeit nicht für Sie planen. Dafür sind Sie verantwortlich. Eine wirksame Zeitplanung ist eine Erfahrung mit Selbstdisziplin und Sie selbst sind der Schlüssel zu Ihrem Erfolg. Wenn Sie die in diesem Buch festgelegten Prinzipien und Richtlinien benutzen, werden Sie Ihre Zeit mit weniger Stress planen und mehr leisten.

Die Ziele dieses Buches sind es,

- Ihnen zu helfen zu bestimmen, wie Sie derzeit Ihre Zeit verwenden;
- Ihnen jene Zeitspanne bewußt zu machen, auf welche Sie Einfluß haben;
- Ihnen zu zeigen, wie Sie am effizientesten die Zeit, auf die Sie Einfluß nehmen können, verwenden können;
- Ihnen zu helfen, auch jene Zeit effizienter zu nutzen, auf deren Einteilung Sie keinen Einfluß haben;
- Ihnen zu ermöglichen, die Zeit auf eine von Ihnen zu wählende Art zu verwenden (Arbeit, Spiel oder Ruhe).

Jene, die motiviert sind, dieses Buch durchzuarbeiten, werden aus dieser Erfahrung Nutzen ziehen. Ich hoffe, Sie sind einer davon.

Viel Glück.

Marion E. Haynes

Die Tyrannei des Dringenden

Haben Sie sich schon einmal einen 30-Stunden-Tag gewünscht? Sicherlich würde diese zusätzliche Zeit den ungeheuren Druck abschwächen, unter dem wir leben. Unser Leben läßt eine Spur von nicht beendeten Aufgaben zurück. Unbeantwortete Briefe, nicht besuchte Freunde, ungeschriebene Artikel und ungelesene Bücher spuken durch jene ruhigen Augenblicke, in denen wir eine Pause einlegen, um uns einen Überblick zu verschaffen.

Aber würde ein 30-Stunden-Tag das Problem wirklich lösen? Wären wir nicht bald genauso frustriert wie wir es jetzt mit den uns zur Verfügung stehenden vierundzwanzig Stunden sind? Die Arbeit einer Mutter ist nie abgeschlossen und genauso wenig jene irgendeines Managers, Studenten, Lehrers oder von irgendjemand anderem, den wir kennen.

Wenn wir eine Pause machen, um uns einen Überblick zu verschaffen, erkennen wir, daß unser Dilemma tiefer geht und nicht nur in Zeitmangel besteht; es ist im Grunde eine Frage von Prioritäten. Harte Arbeit tut uns nicht weh. Wir wissen, was es heißt, stundenlang mit voller Geschwindigkeit zu fahren und die daraus resultierende Müdigkeit wird durch das Gefühl, etwas geleistet zu haben, wettgemacht. Nicht harte Arbeit, sondern Zweifel und Befürchtungen rufen Ängste hervor, wenn wir auf ein Monat oder Jahr zurückblicken und von dem Haufen unvollendeter Aufgaben erdrückt werden. Forderungen haben uns auf ein Riff von Frustration getrieben. Wir beichten nicht nur unsere Sünden: »Wir haben jene Dinge, die wir hätten tun sollen, noch nicht getan und haben jene Dinge, die wir nicht hätten tun sollen, getan.«

Vor einigen Jahren sagte ein erfahrener Manager zu mir: »Die größte Gefahr für Sie ist, daß Sie es zulassen, daß die dringenden Angelegenheiten die wesentlichen verdrängen.« Er merkte nicht, wie sehr seine Maxime zutraf. Dieser Satz kommt mir immer wieder ins Gedächtnis, spukt mir dann im Kopf herum und weist mich zurecht, indem er die entscheidende Frage des Prioritätensetzens wieder aufwirft. Wir leben in einer ständigen Spannung zwischen dem Dringenden und dem Wichtigen. Das Problem ist, daß die wichtigen Aufgaben selten gleich heute, nicht einmal diese Woche, getan werden müssen. Die dringenden Aufgaben verlangen eine sofortige Handlung – endlose Forderungen, Druck stündlich und täglich.

Selbst das eigene Zuhause ist kein Zufluchtsort mehr, kein Platz mehr, der sich weit weg von dringenden Aufgaben befindet, denn das Telefon durchbricht die Wände mit dringenden Forderungen. Die momentane Anziehungskraft neuer Zerstreuungen scheint unwiderstehlich und wichtig zu sein, doch sie verschlingt unsere Energie. Im Lichte der zeitlichen Perspektive schwindet allerdings ihre trügerische Bedeutung und mit einem Gefühl des Verlustes entsinnen wir uns der wichtigen Aufgaben, welche wir zur Seite geschoben haben. Wir erkennen, daß wir Sklaven der »Tyrannei des Dringenden« geworden sind.

Teil 1:

Die Grundlagen des Zeitmanagements

Die Zeit ist eine einmalige Ressource. Tag für Tag steht jedem dieselbe Menge zu. Sie kann nicht gespeichert werden. Man kann sie weder ein-, noch ausschalten. Sie kann nicht ersetzt werden. Sie muß in einer Geschwindigkeit von sechzig Sekunden pro Minute verbraucht werden.

Das Zeitmanagement profitiert wie jedes andere Management von Analyse und Planung. Um die Prinzipien des Zeitmanagements zu verstehen und anzuwenden, müssen Sie nicht nur wissen, wie Sie Ihre Zeit verwenden, sondern auch die Probleme kennen, die Ihnen selbst bei kluger Nutzung begegnen können, sowie deren Ursachen. Von dieser Grundlage ausgehend, können Sie lernen, Ihre Leistungsfähigkeit und Effizienz durch bessere Zeitplanung zu erhöhen.

Zeitplanung ist ein individueller Vorgang und muß mit Ihrem Stil und Ihren Lebensumständen zusammenpassen. Es bedarf eines großen Engagements, alte Gewohnheiten zu ändern; diese Möglichkeit ist jedoch gegeben, Sie müssen sie bloß annehmen. Wenn Sie beschließen, die in diesem Buch beschriebenen Richtlinien anzuwenden, werden Sie jenen Lohn ernten, der sich aus einer besseren Investition der Zeit ergibt.

Checkliste:

Wir alle bekommen 168 Stunden pro Woche.

Wie verwenden Sie Ihre?

Machen Sie ein Kreuz in jener Spalte, die am besten Ihre Empfindungen, Gefühle bzw. Handlungen beschreibt. Dann überprüfen Sie Ihre Antworten und konzentrieren Sie sich auf jeden einzelnen Punkt, um festzustellen, ob es eine Gelegenheit gibt, Ihre Zeitplanung zu verbessern.

Bewertung: 1 – immer, 2 – normalerweise; 3 – manchmal; 4 – selten; 5 – nie

1. Verbringen Sie Ihre Zeit für gewöhnlich so, wie Sie wirklich wollen?	1	2	3	4	5
2. Fühlen Sie sich oft ausgenutzt und gezwungen, Dinge zu tun, die Sie nicht wirklich tun wollen?	1	2	3	4	5
3. Bekommen Sie durch Ihre Arbeit das Gefühl, etwas geleistet zu haben?	1	2	3	4	5
4. Haben Sie längere Arbeitszeiten als Ihre Kollegen?	1	2	3	4	5
5. Nehmen Sie regelmäßig abends oder am Wochenende Arbeit mit nach Hause?	1	2	3	4	5
6. Fühlen Sie sich aufgrund von zu viel Arbeit gestreßt?	1	2	3	4	5
7. Haben Sie Schuldgefühle, weil Sie Ihre Arbeit nicht besser machen?	1	2	3	4	5
8. Betrachten Sie Ihre Arbeit als Spaß?	1	2	3	4	5
9. Können Sie länger über eine störungsfreie Zeit verfügen, wenn Sie sie benötigen?	1	2	3	4	5
10. Haben Sie das Gefühl, Einfluß auf die Art und Weise zu haben, wie Sie Ihre Zeit verwenden?	1	2	3	4	5
11. Treiben Sie regelmäßig Sport oder Gymnastik?	1	2	3	4	5
12. Nehmen Sie sich Urlaub oder ein verlängertes Wochenende, sooft Sie wollen?	1	2	3	4	5
13. Schieben Sie die Erledigung der schwierigen, langweiligen oder unangenehmen Teile Ihrer Arbeit auf?	1	2	3	4	5
14. Haben Sie das Gefühl, daß Sie immer mit produktiver Arbeit beschäftigt sein müssen?	1	2	3	4	5
15. Haben Sie Schuldgefühle, wenn Sie ab und zu Zeit vertrödeln?	1	2	3	4	5

Bearbeitung von »Successful Time Manegement« von Jack D. Ferner, S. 6–7, New York, NY: John Wiley & Sons, Copyright 1980. Verwendung vom Herausgeber genehmigt.

1.1 Wodurch wird Ihre Zeiteinteilung beeinflußt?

Der beste Ausgangspunkt zur Verbesserung Ihrer Zeiteinteilung ist es, festzustellen, inwieweit Sie Einfluß auf die Ihnen zur Verfügung stehende Zeit haben. Niemand hat einen vollständigen Einfluß über seinen Tagesplan. Jemand oder etwas wird immer Forderungen stellen. Jeder hat allerdings etwas Einfluß, und wahrscheinlich mehr, als er sich dessen bewußt ist.

Ein Teil der Zeit (»Arbeitszeit« oder »Schulstunden«) ist geregelt und sollte auch für die dafür vorgesehenen Aktivitäten genutzt werden. Selbst innerhalb dieser strukturierten Zeiteinheiten gibt es Möglichkeiten, sich zu entscheiden, welche Aufgaben oder Aktivitäten erledigt und welche Prioritäten diesen Arbeiten eingeräumt werden sollen. Dadurch, daß Sie diese Ihnen freistehenden Entscheidungen fällen, können Sie Einfluß auf Ihre Zeit nehmen.

Checkliste:

Einfluß auf Ihre Zeit

Als Arbeitnehmer sollten Sie Ihre festgelegte Arbeitszeit dazu verwenden, die Unternehmensziele zu verfolgen. In der Schule sollten Sie Ihre Zeit zum Studieren und Lernen verwenden. Bis zu diesem Punkt ist die Nutzung Ihrer Zeit oft durch spezifische Aufgaben oder Arbeiten geregelt. Es gibt allerdings für gewöhnlich in jedem beliebigen Zeitraum verschiedene Abstufungen von Freiheit. Wo befinden Sie sich? (Machen Sie um eine der untenstehenden Zahlen einen Kreis.)

Ich habe den totalen Einfluß. Ich habe keinen Einfluß.

10 9 8 7 6 5 4 3 2 1 0

Aufgaben oder Aktivitäten, die eine persönliche Einflußnahme auf meine Zeit ermöglichen.	Aufgaben oder Aktivitäten, die eine persönliche Einflußnahme auf meine Zeit einschränken.

1.2 So schützen Sie Ihre Zeit

Handeln Sie nicht gleich, sondern fragen Sie sich! 5 Fragen helfen Ihnen, Ihre Arbeitsweise zu verbessern, Ihre Zeit in den Griff zu bekommen. Machen Sie sich auch mit den 5 Schlüsselwörtern vertraut. Diese sollten Sie laufend bei Ihrer Arbeit begleiten.

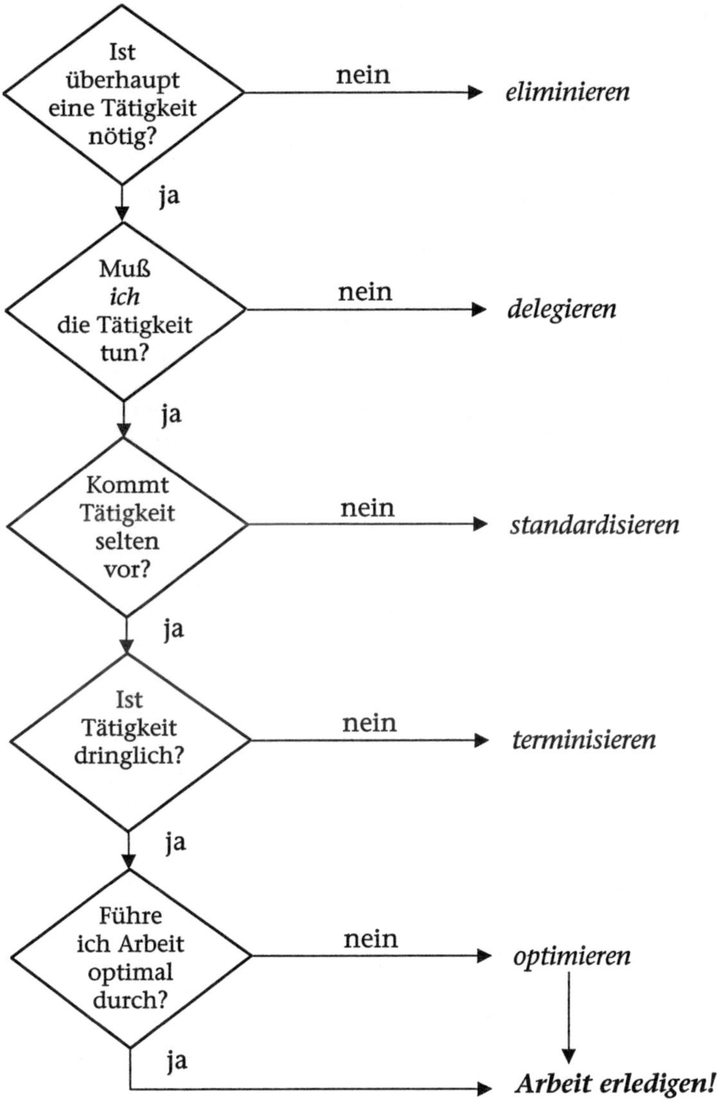

1.3 Analyse zur besseren Arbeitsweise (Zeitnutzung)

Obwohl die in diesem Buch angegebenen Beispiele im Grunde aus der Geschäftswelt kommen, sind ähnliche Prinzipien auch auf andere Bereiche Ihres Lebens anwendbar.

Die Analyse der Art und Weise, wie Sie jetzt mit der Zeit umgehen, ist der erste Schritt, um einen besseren Einfluß darauf nehmen zu können. Sie brauchen spezifische, verläßliche Informationen, bevor Sie Verbesserungsmöglichkeiten festlegen können. Die beste Methode zum Sammeln von Informationen ist eine Tätigkeiten-Zeit-Erfassung. Nähere Hinweise und Formblätter befinden sich auf den Seiten 69 bis 71.

Sobald Sie Ihre Tätigkeiten einmal erfaßt haben, sollten Sie sie von drei Blickpunkten aus betrachten: Vom Blickpunkt der

- Notwendigkeit
- Zuständigkeit und
- Wirksamkeit aus.

Dies ermöglicht Ihnen gewisse Aufgaben nicht mehr auszuführen, andere zu delegieren und/oder Möglichkeiten zu finden, Ihre Effizienz durch technologische Hilfsmittel, neue Vorgangsweisen oder persönliche Arbeitsgewohnheiten zu verbessern.

Eine sorgfältige Analyse kann Ihnen oft weitere acht bis zehn Stunden wöchentlich einsparen, die Sie dann mit Aktivitäten Ihrer Wahl verbringen können.

- Überprüfung der Notwendigkeit

Zuerst sollten Sie jede einzelne Akivität genau unter die Lupe nehmen, um sicherzugehen, daß sie notwendig ist – nicht nur angenehm, sondern auch notwendig. Es geschieht sehr häufig, daß man Dinge tut, die bereits ihre Sinnhaftigkeit verloren haben (z. B. Monatsberichte schreiben, deren Information nicht mehr gebraucht wird). Diese »Überprüfung der Notwendigkeit« sollte Ihnen helfen, Ihre Aufgaben auf die wesentlichen Elemente zu reduzieren.

- Überprüfung der Zuständigkeit

Sobald einmal die wesentlichen Aufgaben genau identifiziert worden sind, sollte man im nächsten Schritt festlegen, wer sie auszuführen hat (d. h. Zuständigkeit in der Abteilung und/oder im Sinne des Qualifikationsniveaus). Es gibt wahrscheinlich Aktivitäten, die an andere weitergegeben werden können. Sie werden vielleicht auch erkennen, daß Sie Arbeiten unter Ihrem Qualifikationsniveau verrichten. Diese können leicht neu zugeteilt werden.

- Überprüfung der Effizienz

Im Verlaufe der dritten Analyse werden die noch verbliebenen Aufgaben überprüft. Sobald Sie mit Genugtuung feststellen, daß Sie nur die notwendigen Arbeiten machen, die Sie tun sollen, fragen Sie sich: »Gibt es eine bessere Methode?« Das wird Sie dazu anspornen, einen schnelleren Weg zu finden, indem Sie bessere technologische Hilfsmittel verwenden oder bessere Vorgangsweisen zur Erledigung sich wiederholender Aktivitäten festlegen.

Checkliste: Analyse zur besseren Nutzung der Zeit

Erstellen Sie in Ihren eigenen Worten und ausgehend von Ihrer eigenen Situation eine Liste der Möglichkeiten für eine effektivere Verwendung Ihrer Zeit unter Zugrundelegung der drei auf Seite 12/13 beschriebenen Überprüfungen.

- Überprüfung der Notwendigkeit: Meine Möglichkeiten zur Beseitigung einiger nicht notwendiger Aufgaben oder Aktivitäten sind:

Kann sie jemand anderer tun? Braucht man diese Arbeit auch?

- Überprüfung der Zuständigkeit: Die Möglichkeiten zur besseren Nutzung der Zeit durch eine Neuzuteilung von Aufgaben oder Aktivitäten an andere sind:

Wer kann die Arbeit erledigen?

- Überprüfung der Effizienz: Die Möglichkeiten zur Verbesserung der Effizienz durch Verwendung neuer Technologien oder durch Entwicklung besserer Handlungs- und Vorgangsweisen sind:

- Standardisieren:

- Terminisieren:

- Optimieren:

Es gibt nur drei Wege zur besseren Nutzung Ihrer Zeit
1. Aufgaben oder Aktivitäten von geringer Priorität nicht mehr ausführen.
2. Jemand anderen finden, der einen Teil Ihrer Arbeit übernimmt.
3. Effizienter in jenen Tätigkeiten sein, die Sie tun.

1.4 Die Vorteile einer besseren Zeitverwendung

Wenn Sie in der Lage sind, Ihre Zeit besser einzuteilen, können Sie bei der Durchführung folgender längerfristiger Aktivitäten den Nutzen ziehen:

- Berufs- und Karriereplanung: Legen Sie einen Weg für Ihre berufliche Zukunft fest und entwerfen Sie einen Plan, wie Sie Ihre Ziele erreichen wollen. Gehen Sie zu einem pro-aktiven Modus über. Übernehmen Sie Verantwortung für Ihr eigenes Schicksal.

- Lesen: Auf dem laufenden bleiben gewinnt in der komplexen Welt von heute zunehmend an Bedeutung. Zusätzliche Zeit ermöglicht es Ihnen, das mit Ihrer Arbeit in Zusammenhang stehende Material zu lesen, neue Themen zu studieren oder auch mehr über ein Hobby oder eine andere Aktivität zu lernen.

- Kommunizieren: Zusätzliche Zeit ermöglicht es Ihnen, zwischenmenschliche Beziehungen zu verbessern und/oder anzuknüpfen.

- Entspannen: Sie müssen Zeit für Entspannung einplanen. Wenn Sie sich von der täglichen Plackerei nicht freimachen, könnte Ihre Gesundheit darunter leiden oder Sie könnten »ausbrennen«.

- Denken: Verbesserte Methoden und neue Möglichkeiten sind das Ergebnis von Innovation. Zusätzliche Zeit gestattet es Ihnen, Strategien zu entwickeln und Pläne durchzudenken, um bedeutende neue Herausforderungen zu schaffen und zu erreichen.

Fallstudie: Sylvia lernt aus Erfahrungen

Vor drei Monaten sah Sylvia mit freudiger Erwartung ihrer Beförderung zur Abteilungsleiterin entgegen. Nach vier Jahren in dieser Abteilung hatte sie Vertrauen in ihre Fähigkeiten und wußte, daß ihre Mitarbeiter kompetent und erfahren waren.

Heute ist Sylvia nicht mehr so sicher, daß sie für diese leitende Tätigkeit geschaffen ist. Ihr Arbeitstag scheint kein Ende zu nehmen. Während der Bürostunden ist ihre Zeit damit ausgefüllt, Arbeit zuzuteilen und die Resultate zu überprüfen. Außerdem strömen ständig Besucher herein und das Telefon klingelt ununterbrochen. Abends, wenn sie sich gerne entspannen würde, muß sie sich um administrative Angelegenheiten kümmern, z. B. die Post durchsehen, Briefe beantworten, Budgets vorbereiten und Leistungsbeurteilungen vervollständigen.

In ihrer Frustration fragte Sylvia ihre Freundin Karin, ob sie mit ihr zu Mittag essen wolle, sie hätte etwas Wichtiges zu besprechen. Beim Essen erzählte sie Karin, daß sie mit dem Gedanken spiele, ihre leitende Tätigkeit aufzugeben. Sie meinte, sie könne die Aussicht auf eine berufliche Laufbahn mit einer 60-Stunden-Woche nicht ertragen. Karin hörte ihr zu und sagte dann, daß es vielleicht einen anderen Weg gäbe. Wenn das einzige Problem die Zeit sei, die sie benötige, um ihre Arbeit zu tun, könnte vielleicht eine Überprüfung der Art und Weise, wie Sylvia ihre Zeit einteilte, helfen. Nachdem sie Sylvias Beschreibung einer typischen Woche zugehört hatte, stellte Karin folgende Fragen:

- Warum verbrachte Sylvia so viel Zeit mit der Zuteilung von Arbeit und der Überprüfung der Resultate? Wo sie doch ihr Personal als »kompetent« und »erfahren« beschrieben hatte!
- Wer waren die unerwartet hereinkommenden Besucher? Konnten sie selektiert werden?
- Konnte die Abteilungssekretärin Telefonanrufe übernehmen und manche an andere weiterleiten oder veranlassen, daß die nicht dringenden Anrufe zu einer eher passenden Zeit beantwortet werden?
- Könnte ein Teil von Sylvias Arbeit von jemand anderem übernommen werden?

Mit diesen Gedanken im Kopf kehrte Sylvia in ihr Büro zurück, nachdem sie sich dazu verpflichtet hatte, die Verwendung ihrer Zeit genauer unter die Lupe zu nehmen.

Betrachten Sie Sylvias Situation und beantworten Sie die folgenden Fragen:

1. Hat es den Anschein, als würde sie derzeit erfolgreich delegieren?

____

____

____

2. Wie könnte sie Unterbrechungen verhindern, wenn ihre Besucher Firmenangestellte sind?

Termine f. Gespräch(e) fixieren; Rückrufe vereinbaren;

3. Sollte Sylvia erwägen, eine »störungsfreie Zeit« einzuführen, während der sie keine Anrufe entgegen nimmt bzw. Besuche empfängt? Wenn ja, wann könnte die beste Tageszeit dafür sein?

Besuche nur zu bestimmten Zeiten festlegen.
Gespräche beim gemeinsamen Mittagessen führen. (nicht f. alle Gespräche geeignet).

4. Sylvia ist der Ansicht, daß sie die gesamte Arbeit auf die Abteilung aufteilen und alle Resultate überprüfen sollte. Gibt es eine effizientere Methode?

Ja, manches Arbeiten nur stichprobenartig prüfen;
Nur A-Wertigkeiten prüfen od. bearbeiten.

5. Auf welche andere Art und Weise könnte Sylvia ihre Zeitverwendung besser in den Griff bekommen?

siehe 4)

Wie würden Sie sich in diesen Situationen verhalten?

Nachstehend finden Sie einige Situationen, die die Möglichkeit beinhalten, die Zeit besser zu nutzen. Lesen Sie die einzelnen Beispiele durch und kreuzen Sie dann jene Antwort an, die Ihrer Meinung nach am besten paßt.

1. Da Renate jede Woche die Zeitkarten überprüft, verbringt sie zwei Stunden damit, die Stunden jener Arbeitnehmer zusammenzuzählen, bei welchen Ausnahmesituationen wie Krankenstand oder Urlaub bestehen. Sie ist sich dessen bewußt, daß die Lohn- und Gehaltsabteilung dieselben Informationen sammelt und an alle Abteilungsleiter weiterleitet. Was soll sie tun?

a) Weiterhin diese Stunden zusammenzählen ____ ○
b) Diese Stunden nicht mehr zusammenzählen ____ ○
c) Ihren Vorgesetzten auf diese Duplizität aufmerksam machen und um Erlaubnis bitten, diese Arbeit nicht mehr fortführen zu müssen ____ ⊗

2. Fritz liebt es, Bewerbungsgespräche mit Arbeitssuchenden zu führen. Er versteht es hervorragend, die passenden Kandidaten für die eben frei gewordenen Stellen zu finden. Nun ist Fritz Personalchef geworden. Er verbringt trotzdem ungefähr fünf Stunden pro Woche damit, Bewerbungsgespräche durchzuführen, obgleich er Mitarbeiter hat, die diese Arbeit erledigen könnten. Als Folge davon nimmt er oft Arbeit mit nach Hause. Was soll Fritz tun?

a) Bei seiner gegenwärtigen Vorgangsweise bleiben. Er ist Personalchef und hat das Recht dazu, zu tun, was er will ____ ○
b) Einen Teil seiner administrativen Arbeit an einen seiner Mitarbeiter delegieren, damit er die Bewerbungsgespräche weiterhin durchführen kann ____ ○
c) Die Bewerbungsgespräche nicht mehr durchführen, außer, wenn die Arbeitsmenge die Kapazität seiner Mitarbeiter übersteigt ____ ⊗

3. Als Gloria ihre gegenwärtige Arbeit übernahm, merkte sie, daß die Qualität der Ausgabenzusammenstellungen, welche sie von der Buchführung bekam, mangelhaft war. Die Ausgaben waren nicht korrekt kontiert und oft vergingen zwei Monate, bis die laufenden Rechnungen korrigiert waren. Um über zeitgerechte, genaue Informationen zu verfügen, verbringt Gloria derzeit sechs Stunden pro Woche damit, ihre eigenen Aufzeichnungen zu führen. Was soll sie tun?

a) Weiterhin ihre eigenen Aufzeichnungen führen. Nur so weiß sie, daß sie korrekt gemacht werden ______ ○
b) Ihre eigenen Aufzeichnungen nicht mehr führen und jene Informationen verwenden, die ihr die Buchhaltung liefert ______ ○
c) Ein Treffen mit der Buchhaltung vereinbaren, um einen Weg zu finden, die für sie notwendigen Informationen zu bekommen ______ ○

4. Georg ist Stellvertreter in der Personalabteilung. Mehrere Male pro Monat bitten ihn die Angestellten, die Altersrenten zu errechnen. Er führt alle Berechnungen händisch aus. Jede Berechnung nimmt 45 Minuten in Anpruch. Was soll Georg tun?

a) Weitermachen wie bisher. Es scheint so in Ordnung zu sein ______ ○
b) Sich weigern, die Berechnungen auszuarbeiten, außer für jene Mitarbeiter, die innerhalb eines Jahres in Pension gehen ______ ○
c) Eine vom Computer erarbeitete Zusammenfassung, die auf den jeweiligen Mitarbeiter zugeschnitten werden kann, entwickeln und erstellen ______ ○

Antworten des Autors:

Der Autor ist der Ansicht, daß »c« in allen oben angeführten Situationen die beste Antwort ist.

1.5 Zeiten des Leistungshochs

Wenn Sie sich Ihren Tagesplan erstellen, wäre es zweckmäßig, sich Ihren Energiezyklus vor Augen zu halten. Manche sind am frühen Morgen in Bestform. Andere haben am späteren Nachmittag ihre Spitzenzeit. Versuchen Sie, immer wenn es möglich ist, Ihren Tagesplan so zu gestalten, daß er an Ihren Energiezyklus angepaßt ist. Sie werden dies nicht immer beeinflussen können, aber ziehen Sie in Erwägung, das Lesen und Beantworten von Post oder Rückrufe nach dem Mittagessen zu erledigen, wenn Sie Ihr Leistungshoch am Vormittag haben.

Auf der gegenüberliegenden Seite finden Sie eine Übung, die Ihnen helfen kann, Ihren Energiezyklus grafisch darzustellen.

Durchschnittlicher Energiezyklus – durchschnittliche Leistungskurve

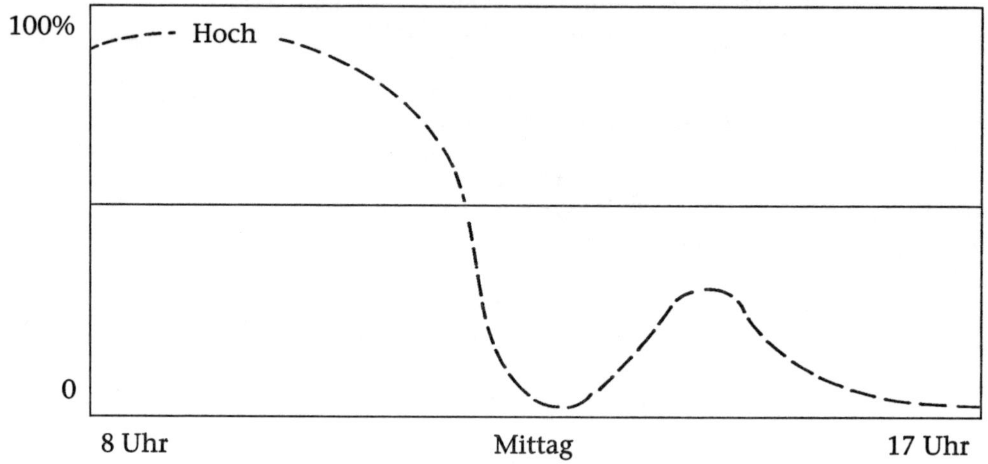

Skizzieren Sie Ihren Energiezyklus (Ihre Leistungskurve)

Setzen Sie beim folgenden Diagramm den Beginn und das Ende Ihres Tages ein. Dann zeichnen Sie eine Linie ein, die den für Sie typischen Energiezyklus während des Tages wiedergibt.

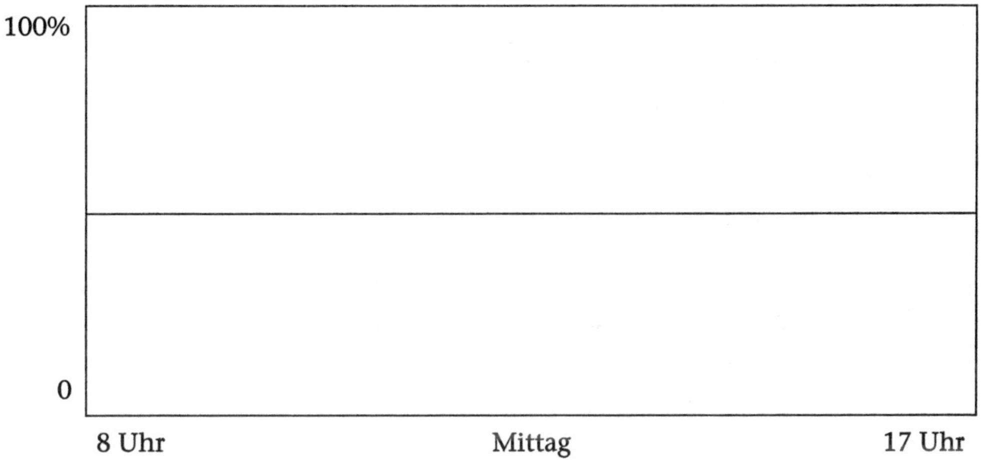

- Organisieren Sie Ihren Arbeitstag (oder Ihr Lernpensum) derart, daß Sie aus Ihrem Energiezyklus optimalen Nutzen ziehen?

  O Ja O Nein

- Wenn »Nein«: Was könnten Sie anders tun, um Ihre Zeit des Leistungshochs besser auszunutzen?

1.6 Prioritäten setzen

Wenn die Möglichkeiten die Ressourcen übersteigen, müssen Entscheidungen getroffen werden. Nirgens ist das offensichtlicher als bei der Zeitverwendung. Da Zeit nicht vervielfältigt werden kann, müssen Sie entscheiden, was Sie tun sollen und was nicht.

Prioritäten zur besseren Zeitnutzung zu setzen ist ein Vorgang, der in zwei Schritten vor sich geht:

- Tätigkeiten auflisten, die getan werden müssen
- den Zeitbedarf für jede Tätigkeit abschätzen
- nach Prioritäten ordnen und
- die Reihenfolge der Bearbeitung festlegen.

1.6.1 Was sind Prioritäten?

Prioritäten kennzeichnen den Stellenwert einer Aufgabe in bezug auf ihre Bearbeitung.

- Je höher die Priorität einer Aufgabe ist, desto eher müssen Sie sie bearbeiten.
- Je niedriger die Priorität einer Aufgabe ist, desto mehr Zeit können Sie sich mit der Bearbeitung lassen.

1.6.2 Wie legt man Prioritäten fest?

Wenn Sie die jeweilige Priorität festgelegt haben, dann können Sie die Aufgaben entsprechend reihen. Damit wissen Sie genau, welche Aufgabe Sie zuerst, welche Sie in der Folge und welche Sie erst ganz am Ende erledigen sollen.

Jede Aufgabe ist durch zwei Dimensionen gekennzeichnet:

- Wichtigkeit des Inhalts
- Dringlichkeit des Erledigungstermins

Setzt man diese beiden Faktoren pro Aufgabenstellung zueinander in Beziehung, so ergibt sich dadurch der Bearbeitungswert oder die Priorität.

Leider beachtet man in der Praxis sehr oft nur die Dringlichkeit des Erledigungstermins bei der Prioritätensetzung. Dies bringt es mit sich, daß wichtige Inhalte immer wieder erst im letzten Moment bearbeitet werden.

Dabei sollten Sie gerade die wichtigen Dinge ohne Zeitdruck und Streß durchführen, um unnötige Fehler zu vermeiden.

Als wesentlicher Grundsatz gilt daher:

♦ ***Wichtigkeit vor Dringlichkeit!***

Als weitere Entscheidungskriterien für die Wichtigkeit und Dringlichkeit können Sie die folgenden heranziehen:

- Beurteilung – Sie können am besten beurteilen, was Sie tun müssen. Schärfen Sie Ihr Urteilsvermögen durch die Schuldgefühle, die entstehen, weil Sie etwas nicht erledigt haben.
- Relativität – beim Vergleichen von Aufgaben oder Tätigkeiten sollte es offensichtlich werden, daß einige eine höhere Priorität genießen als andere. Sie sollten sich immer von der Frage leiten lassen: »Wie kann ich gerade jetzt meine Zeit am besten nutzen?«
- Timing – Fristen, Termine und Stichtage haben es so an sich, uns Prioritäten aufzuerlegen. Was auch wichtig ist, jedoch häufig übersehen wird, ist der erforderliche Zeitpunkt zum In-Angriff-Nehmen eines Projekts, um es dann bis spätestens zum festgelegten Termin erledigen zu können.

Wenn wir diese beiden Faktoren – Inhalt und Erledigungstermin – zueinander in Beziehung setzen, so ergibt sich daraus folgendes Prioritätenschema:

		Erledigungstermin	
		dringlich	weniger dringlich
Inhalt	wichtig	I	II
	weniger wichtig	III	IV

Unwichtige Dinge sollten zu diesem Zeitpunkt bereits eliminiert worden sein.

Beispiel:

Nehmen wir an, eine Führungskraft hätte heute folgende Tätigkeiten zu erledigen:

1. Brief diktieren
2. Telefonate führen
3. Mitarbeiterunterweisung vornehmen
4. Fachzeitschriften lesen
5. Besprechung mit Vorgesetzten
6. Mitarbeiter kontrollieren
7. wichtigen Akt erledigen
8. Schreibtisch aufräumen
9. Planungsüberlegungen für kommende Großprojekte
10. Festlegung der Tätigkeiten des nächsten Tages

Orientiert man sich nach vorherigem Schema, so könnte die Prioritätenfestlegung wie folgt aussehen:

3, 7	1, 2, 5
6, 9, 10	4, 8

1.6.3 Was bringt die Prioritätenreihung?

Wenn Sie Ihre Prioritäten richtig setzen und verfolgen, steuern Sie Ihren Arbeitsablauf aktiv!

Sie verfolgen die wesentlichen Dinge und vermeiden es, sich zu verzetteln. Sie haben vielleicht nicht viele Dinge getan, aber sicher die richtigen.

Sie werden erleben, daß Ihr Tag damit »rund« wird, das heißt, daß Sie die Ziele, die Sie sich gesetzt haben, auch erreichen. Sie arbeiten zwar genauso viel und hart, gehen aber am Ende des Tages zufrieden nach Hause.

Dafür lohnt es sich doch, über die Prioritätensetzung nachzudenken, nicht wahr?

Ihre Einteilung in Prioritäten I bis IV ist flexibel und abhängig von dem Datum, an dem Sie Ihre Liste fertiggestellt haben. Die Prioritäten verändern sich mit der Zeit. Ein »II« von heute kann zum »I« von morgen werden, je näher ein wichtiger Stichtag rückt. Genauso kann ein »I« von heute zum »IV« von morgen werden, wenn er nicht rechtzeitig fertiggestellt wird und/oder sich die Umstände ändern.

Es ist klarerweise nicht lohnend, eine beträchtliche Menge Zeit für eine Aufgabe von geringem Nutzen aufzuwenden. Auf der anderen Seite ist ein Projekt mit einem hohen Stellenwert die Zeit wert, die dafür investiert wird. Nur gute Planung wird es Ihnen ermöglichen, die Früchte Ihrer klug investierten Zeit zu ernten.

Verwenden Sie den Vordruck auf der nachfolgenden Seite, um das Setzen von Prioritäten zu üben.

Meine Prioritätenliste für die Woche von ... bis ...

Aufgaben/Tätigkeiten/Besprechungen	Zeitbedarf in Min.	Prioritäten I	II	III	IV	Rangplatz
1.						
2.						
3.						
4.						
5.						
6.						
7.						
8.						
9.						
10.						
11.						
12.						
13.						
14.						
15.						

(Dieses Blatt darf ohne zusätzliche Genehmigung des Herausgebers vervielfältigt werden.)

Checkliste: Zwei Stunden pro Tag mehr – was tun?

Wenn Sie täglich 2 Stunden zusätzlich zur Verfügung hätten, wie würden Sie sie dann verwenden? Schreiben Sie ein X zu jeder zutreffenden Aussage. Fügen Sie auch Ihre eigenen Gedanken hinzu.

Hätte ich 2 Stunden zusätzlich pro Tag, so würde ich:

1. mehr planen ________________ ○
2. mehr lesen ________________ ○
3. mehr Zeit für neue Arbeitsprojekte aufwenden ________________ ○
4. mehr Zeit mit meiner Familie/meinen Freunden verbringen ________________ ○
5. ein Sport- oder Gymnastikprogramm beginnen oder erweitern ________________ ○
6. mehr Zeit für private finanzielle Angelegenheiten aufwenden ________________ ○
7. einem Hobby (verstärkt) nachgehen ________________ ○
8. ________________ ○
9. ________________ ○
10. ________________ ○
11. ________________ ○
12. ________________ ○
13. ________________ ○
14. ________________ ○
15. ________________ ○

1.7 Zusammenfassung und Selbstüberprüfung

Überdenken Sie die bisherigen Ideen und überlegen Sie sich die Antworten zu den folgenden Fragen:

- Wieviel Einfluß haben Sie auf Ihre Zeiteinteilung? Wie stark sind Sie durch Verpflichtungen und Fristen eingeengt? Nutzen Sie Ihren Einfluß aus, wenn sich eine Gelegenheit dazu bietet?

- Erledigen Sie während der Zeiträume, auf deren Verwendung Sie Einfluß nehmen können, nur die notwendigen und angemessenen Aufgaben? Erledigen Sie sie auf die effizienteste Art und Weise?

- Kennen Sie Ihren Energiezyklus (Ihre Leistungskurve) und können Sie Ihre Leistungshochs nutzen?

- Setzen Sie Prioritäten? Erledigen Sie konsequent die wichtigsten Aufgaben zuerst?

Checkliste zur nochmaligen Selbstüberprüfung

1. Im folgenden liegen jene Möglichkeiten, die mir zur Verfügung stehen, um meine Zeit besser zu nutzen:

____

____

____

2. Die größten Barrieren für eine effektivere und effizientere Nutzung meiner Zeit sind:

____

____

____

3. Sollte ich fünf Stunden pro Woche »finden«, würde ich sie folgendermaßen verwenden:

____

____

____

4. Die folgenden Tätigkeiten nehmen einen großen Teil meiner Zeit in Anspruch, scheinen jedoch trotzdem nicht zu meinen Zielen beizutragen:

- ______________________________
- ______________________________
- ______________________________
- ______________________________
- ______________________________

1.8 Wie Sie die Zeit besser nützen können

Der richtige Arbeitsablauf sichert Ihnen Zeitgewinn! Die Frage »Wo nehme ich die Zeit dazu her?« stellt sich nicht mehr. Ordnen Sie, strukturieren Sie Ihre Arbeitsweise und seien Sie konsequent! Der folgende Ablauf führt Sie Schritt für Schritt zur optimalen Arbeits- und Zeitplanung. Stellen Sie sich wieder ein paar Fragen:

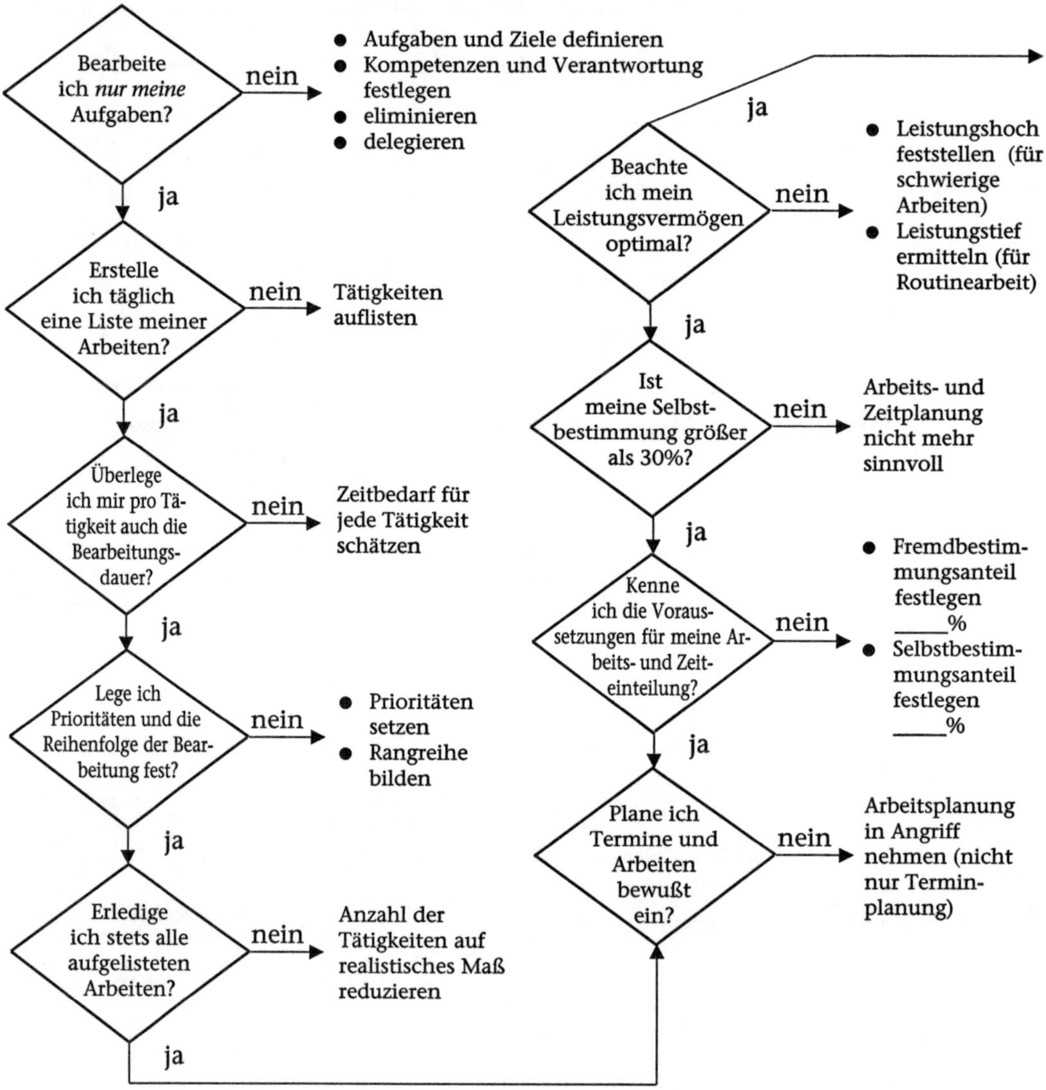

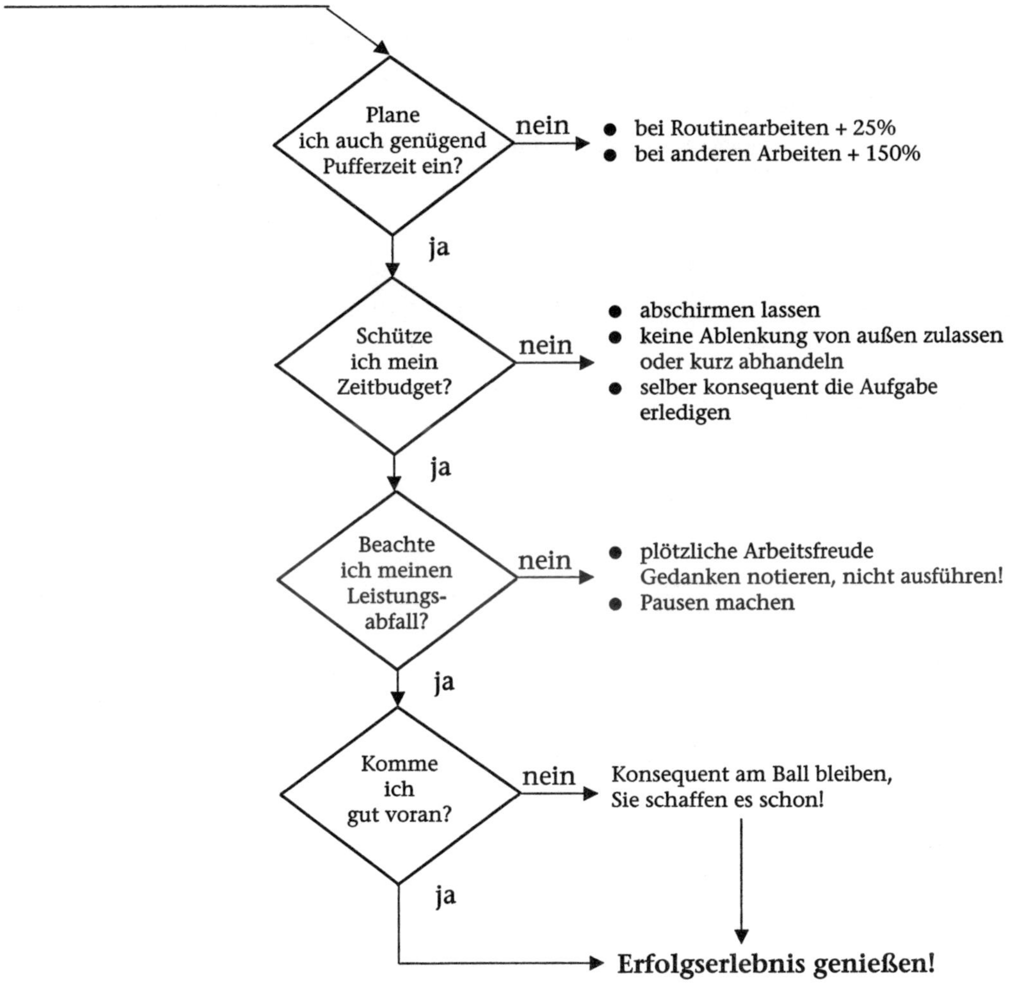
Plane ich auch genügend Pufferzeit ein?
nein
bei Routinearbeiten + 25%
bei anderen Arbeiten + 150%
ja
Schütze ich mein Zeitbudget?
nein
abschirmen lassen
keine Ablenkung von außen zulassen oder kurz abhandeln
selber konsequent die Aufgabe erledigen
ja
Beachte ich meinen Leistungsabfall?
nein
plötzliche Arbeitsfreude
Gedanken notieren, nicht ausführen!
Pausen machen
ja
Komme ich gut voran?
nein
Konsequent am Ball bleiben, Sie schaffen es schon!
ja
Erfolgserlebnis genießen!

Checkliste zur Selbstbewertung

Die folgenden Aussagen fassen die in Teil 1 dieses Buches präsentierten Prinzipien zusammen. Kreuzen Sie jene an, die für Sie gelten. Überprüfen Sie die von Ihnen nicht angekreuzten Punkte, um zu sehen, ob es eine Möglichkeit geben könnte, zukünftig effektiver zu arbeiten.

Ich weiß, wann ich mein Leistungshoch habe ______ O

Ich habe meine tägliche Routinearbeit so eingeteilt, daß ich jene Zeiträume, wo mir am meisten Energie zur Verfügung steht, optimal nutzen kann ______ O

Ich habe meine Verantwortungs- und Aufgabenbereiche schriftlich zusammengefaßt ______ O

Ich habe einer Liste meiner Ziele für das nächste Quartal angefertigt ______ O

Ich habe bezüglich der Nutzung meiner Zeit Prioritäten gesetzt ______ O

Ich habe alle nicht notwendigen und nicht angemessenen Aufgaben gestrichen ______ O

Ich habe mich mit Möglichkeiten zur Verbesserung der Effizienz bei der Erledigung von Routineangelegenheiten beschäftigt ______ O

Ich delegiere, wann auch immer dies logisch und möglich ist ______ O

Ich plane für jede Woche, was ich durchführen will ______ O

Ich erstelle täglich eine Liste der zu erledigenden Arbeiten ______ O

Ich lasse jeden Tag etwas Zeit für Unerwartetes frei ______ O

Ich habe erkannt, daß ich nicht alles tun kann und mich für die besten Alternativen entscheiden muß ______ O

Teil 2:

Zeitmanagement-Techniken

2.1 Planung

Die Planung ist ein komplexer Vorgang. Manche sind gut darin, andere nicht. Manche sind anscheinend so in Tätigkeiten und Termine verstrickt, daß sie behaupten, daß ihnen keine Zeit mehr für Planung zur Verfügung steht. Dennoch ist Planung der Schlüssel dazu, den durch Zeitmangel entstehenden Druck zu verringern. Sie ist der Weg zu einer Strukturierung Ihrer Zukunft.

Die Planung leistet zwei Beiträge, die Ordnung in Ihr Leben bringen. Erstens zeigt sie Ihnen, wie Sie von dort, wo Sie sind, dorthin kommen, wo Sie sein wollen. Zweitens werden durch sie die Hilfsmittel festgelegt, die notwendig sind, um Sie dorthin zu bringen. Durch Planung wissen Sie, wann Sie etwas beginnen müssen, um es termingerecht fertigzustellen, und was es kosten wird.

Planungen müssen langfristig und kurzfristig vorgenommen werden. In diesem Buch zeigen langfristige Pläne auf, was Sie während der nächsten drei Monate erledigen wollen sowie all jene Projekte, deren Dauer eine Woche überschreitet. Kurzfristige Pläne beschäftigen sich damit, was Sie heute bzw. diese Woche zu erledigen hoffen, wenn dies auch Schritte hin zu längerfristigen Zielen sein können.

Checkliste: Mein zeitlicher Rahmen

- Langfristige Ziele: Ich habe für das nächste Quartal folgende Ziele bzw. Projekte, die länger als eine Woche zu ihrer Fertigstellung brauchen:

____

____

____

____

____

____

- Kurzfristige Ziele: Folgende Tätigkeiten muß ich diese Woche erledigen (einschließlich der Schritte hin zu längerfristigen Zielen):

____

____

____

____

____

____

Zur Wiederholung:

Zu einer guten Planung gehört:

- die Festlegung der Ziele
- die Bestimmung der Mittel und Ressourcen
- das Festsetzen der Verantwortlichkeiten und Kompetenzen (d. h. Wer wird was bis spätestens wann erledigen?)
- die Aufgliederung der einzelnen Arbeitsschritte bzw. -abläufe
- die zeitliche Planung der Arbeitsschritte
- die Entscheidung über den Starttermin, welcher die Erreichung der Ziele bis zum Zieldatum ermöglicht
- die Vorsorge für die Kontrolle und Überprüfung der einzelnen Punkte

2.2 Hilfen für die langfristige Planung

Planungshilfen sind ein entscheidender Bestandteil eines wirksamen Zeitmanagements. Es ist einfach unmöglich, sich alles zu merken. Auf den folgenden Seiten werden drei häufig anzutreffende Planungshilfen vorgestellt. Das sind ein Arbeitsblatt zur Aktionsplanung, ein Milestone-Chart und ein PERT-Diagramm (PERT = Netzplan). Aus diesen Möglichkeiten können Sie sich jene Methode auswählen, die Ihrer Arbeit am besten entspricht. Die Verwendung einer Planungshilfe wird Sie dabei unterstützen, Ordnung in Ihr Leben zu bringen.

Ein Wort der Warnung: Verlieren Sie sich nicht in Details. Verwenden Sie nicht mehr Zeit für das Entwerfen und das Auf-dem-Laufenden-Halten Ihrer Planungshilfen als notwendig. Mit anderen Worten: Ihre Planung sollte Ihnen Zeit sparen und nicht Zeit kosten.

Ganz gleich, für welche Methode Sie sich entscheiden, sollten Sie in Ihrem Arbeitsplaner alle Aktivitäten festhalten. Notieren Sie das Fälligkeitsdatum für jeden einzelnen Handlungsschritt sowie den Termin, an dem das Projekt abgeschlossen sein muß. Wenn andere für einen Schritt in Ihrem Plan verantwortlich sind, versichern Sie sich, daß ein Termin für die Nachkontrolle festgelegt wird. Sie müssen außerdem auch immer wissen, wer für jeden einzelnen Schritt verantwortlich ist – und das Datum, bis zu dem die Arbeit der anderen abgeschlossen sein soll.

Hilfen für langfristige Planung

- Arbeitsblatt zur Aktionsplanung
- Milestone-Chart
- PERT-Netzplan
- Arbeitsplaner

2.2.1 Arbeitsblatt zur Aktionsplanung

Die Arbeitsblätter zur Handlungsplanung können in ihrer Komplexität in großem Maße variieren. Die einfachsten zeigen nur die für die Fertigstellung eines Projekts notwendigen Schritte. Zusätzliche Informationen (wie Beginndatum, festgelegte Abschlußtermine, veranschlagte Kosten und verantwortliche Personen) können in diesem Basis-Arbeitsblatt ergänzt werden.

Beispiel

Arbeitsblatt zur Aktionsplanung
Ziel: Publikation eines Übungsbuchs über Arbeitsplanung (Beginn 1. April – Fertigstellung bzw. Auslieferung 31. Mai)

Schritt	geschätzte Zeit	Zieltermin	verantwortlich
1. Entwurf schreiben	15 Tage	15. April	ich
2. Entwurf tippen	10 Tage	25. April	Sekretärin
3. Korrektur lesen	5 Tage	30. April	ich und Sekretärin
4. Deckblatt zeichnen	5 Tage	20. April	Grafiker
5. Endversion tippen	10 Tage	10. Mai	Sekretärin
6. Korrektur lesen	3 Tage	13. Mai	ich und Sekretärin
7. Korrekturen durchführen	2 Tage	15. Mai	Sekretärin
8. Abbildungen zeichnen	5 Tage	15. Mai	Grafiker
9. Druck	15 Tage	30. Mai	Druckerei
10. Auslieferung der Bücher		31. Mai	Druckerei
...	...	...	...

Arbeitsblatt zur Aktionsplanung

Ziel:

Arbeitsschritt	Endtermin	Zeitdauer	Endtermin	verantwortlich

(Dieses Blatt darf für den eigenen Gebrauch vervielfältigt werden.)

2.2.2 Milestone-Chart

Ein »Milestone-Chart« zeigt graphisch die Beziehung der während eines Projekts zu unternehmenden Schritte. Um ein derartiges Chart zu erstellen, schreiben Sie die für die Fertigstellung eines Projekts notwendigen Schritte auf und schätzen Sie die für jeden Schritt erforderliche Zeit. Dann schreiben Sie auf der linken Seite des Charts die einzelnen Schritte auf eine Liste und entlang der untersten Linie die Termine. Ziehen Sie für jeden Schritt eine Linie in dem Chart, vom geplanten Beginndatum bis zum Abschlußtermin. Bei Fertigstellung des Charts sollten Sie in der Lage sein, den Fluß und die Reihenfolge der für die Handlung erforderlichen Schritte (einschließlich jener, die gleichzeitig vielleicht noch weiterlaufen) zu erkennen.

Die Brauchbarkeit eines Milestone-Charts wird dadurch eröht, daß Sie auch aktuelle Fortschritte skizzieren. Das macht man im allgemeinen dadurch, daß man eine Linie in einer anderen Farbe unterhalb der ursprünglichen Linie zieht, um die tatsächlichen Beginn- und Abschlußtermine für jeden einzelnen Schritt festzuhalten.

Beispiel

Ziel: Publikation eines Übungsbuchs über Arbeitsplanung (Beginn 1. April – Fertigstellung bzw. Auslieferung bis 31. Mai)

Schritte und geschätzter Zeitaufwand

1. Entwurf schreiben	15 Tage	6. Korrektur lesen	3 Tage
2. Entwurf tippen	10 Tage	7. Korrekturen durchführen	2 Tage
3. Korrektur lesen	5 Tage	8. Abbildungen zeichnen	5 Tage
4. Deckblatt zeichnen	5 Tage	9. Druck	15 Tage
5. Endversion tippen	10 Tage	10. Auslieferung der Bücher	

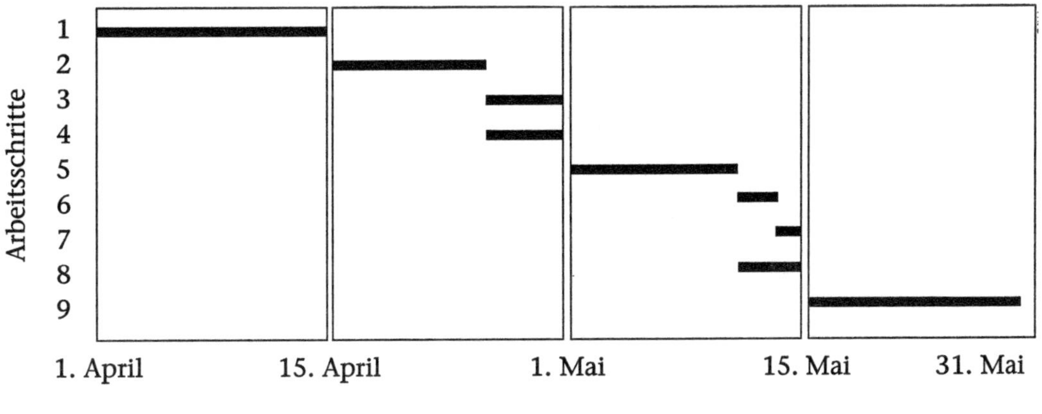

Praktische Übung – Milestone-Chart

Wählen Sie nun ein Projekt und üben Sie die Erstellung eines Milestone-Charts in der Praxis:

Ziel: ______________________________

____

____

____

Aktionsschritte und geschätzter Zeitaufwand:

______________ ______ ______________ ______

______________ ______ ______________ ______

______________ ______ ______________ ______

______________ ______ ______________ ______

______________ ______ ______________ ______

______________ ______ ______________ ______

Arbeitsschritte

Datum

2.2.3 PERT-Diagramm

PERT ist die Abkürzung von Program Evaluation and Review Technique. Das ist eine Technik, die ein zusätzliches Maß an Differenziertheit in den Planungsprozeß bringt. Um ein derartiges Diagramm zu zeichnen, schreiben Sie die zur Fertigstellung eines Projekts erforderlichen Schritte auf eine Liste und schätzen die Zeit, die für die Durchführung jedes einzelnen Schritts notwendig ist. Dann ziehen Sie ein Netzwerk von »Bezugslinien« zwischen den einzelnen Schritten. Die Nummer des Schritts wird in einen Kreis geschrieben und die Zeit, die für die Durchführung des Schritts gebraucht wird, wird auf jener Linie eingetragen, die zum nächsten Kreis führt. Es werden jene Schritte gezeigt, die zuerst abgeschlossen werden müssen, um die richtige Abfolge klarzustellen. Jene Schritte, die gleichzeitig noch »weiterlaufen« können, werden auf anderen Ebenen dargestellt.

Ein PERT-Diagramm zeigt nicht nur die Beziehung zwischen den verschiedenen Schritten eines Projekts, es dient auch als einfacher Weg zur Berechnung des kritischen Pfads« (Critical Path). Der kritische Pfad wird im untenstehenden Beispiel als gestrichelte Linie gezeigt. Er ist der zeitlich gesehen längste Weg durch das Netzwerk und läßt die wesentlichen Schritte erkennen, die rechtzeitig fertiggestellt sein müssen, um nicht den Abschluß des gesamten Projekts zu verzögern.

Beispiel
Ziel: Publikation eines Übungsbuchs über Arbeitsplanung (Beginn 1. April – Fertigstellung bzw. Auslieferung 31. Mai)

Schritte und geschätzter Zeitaufwand

1. Entwurf schreiben	15 Tage	6. Korrektur lesen	3 Tage
2. Entwurf tippen	10 Tage	7. Korrekturen durchführen	2 Tage
3. Korrektur lesen	5 Tage	8. Abbildungen zeichnen	5 Tage
4. Deckblatt zeichnen	5 Tage	9. Druck	15 Tage
5. Endversion tippen	10 Tage	10. Auslieferung der Bücher	

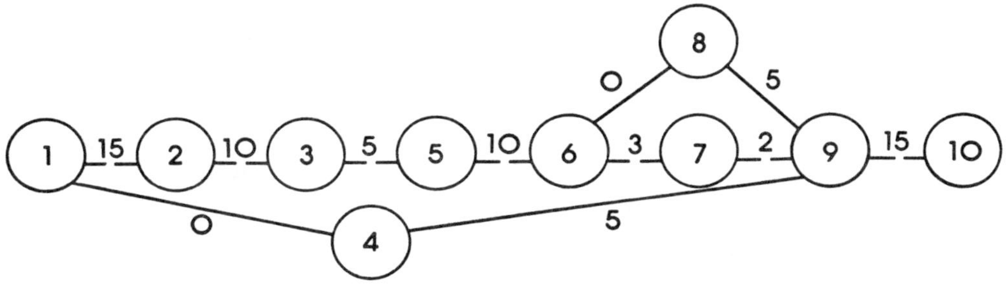

Praktische Übung – PERT-Diagramm

Wählen Sie nun ein Projekt und üben Sie die Erstellung eines PERT-Diagramms in der Praxis:

Ziel: ______________________________

____

____

____

Aktionsschritte und geschätzter Zeitaufwand:

______________ ______ ______________ ______

______________ ______ ______________ ______

______________ ______ ______________ ______

______________ ______ ______________ ______

______________ ______ ______________ ______

______________ ______ ______________ ______

(Die Brauchbarkeit des PERT-Diagramms kann noch gesteigert werden, indem jeder einzelne Schritt bei seiner Fertigstellung mit einer Farbe gekennzeichnet wird. Die tatsächlich benötigte Zeit kann über die geschätzte Zeitspanne geschrieben werden, um entlang des kritischen Pfads eine laufende Gegenüberstellung der tatsächlichen im Vergleich zur geplanten Zeit zu haben.)

2.3 Hilfen für die kurzfristige Planung

Die Aktionsschritte für Ihre langfristigen Pläne müssen Sie in Ihren anderen Verpflichtungen integrieren und anschließend Prioritäten setzen. Diese für sich allein stehenden Schritte werden dann zu einem Teil Ihrer kurzfristigen Pläne. Die kurzfristigen Pläne werden am besten sowohl auf einer wöchentlichen als auch auf einer täglichen Basis entwickelt und geplant.

2.3.1 Wochenpläne

Im Wochenplan sollten Sie fixieren, was Sie bis spätestens zum Ende der Woche erledigen wollen, wie auch all jene Tätigkeiten, die zu ihrer Erledigung erforderlich sind. Die Wochenpläne können am Freitag, am Wochenende oder am Montag in der Früh für die nächste Woche ausgearbeitet werden. (Viele verwenden für diese Arbeit jene Zeit, in der sie zu ihrem Arbeitsplatz fahren.)

Diese wöchentlichen Arbeitsblätter können einfach oder kompliziert gestaltet sein. Das Beispiel auf der nachfolgenden Seite könnte als Ausgangspunkt für Ihre kurzfristigen Pläne dienen. Es steht Ihnen frei, dieses Formular zu kopieren und zu verwenden.

Nach seiner Fertigstellung wird dieses Arbeitsblatt leicht erreichbar aufgehoben, damit Sie häufig darin nachsehen können. Ihre Aktivitäten für die einzelnen Tage sollten auf einem Tageskalender übertragen und gemäß einer festgesetzten Priorität durchgeführt werden.

Arbeitsblatt für Wochenplanung

für die Woche vom ____________________

Wochendominanten: 1. ______________________________
2. ______________________________
3. ______________________________

Aktivitäten	Priorität	geschätzter Zeitaufwand	festgelegter Tag

(Dieses Blatt darf für den eigenen Gebrauch vervielfältigt werden.)

2.3.2 Tagespläne

Der Höhepunkt des Planungsprozesses ist erreicht, wenn Sie Ihre Zeit jeden Tag optimal nutzen. Wenn Sie sich die Führung eines Tageskalenders zur Gewohnheit machen, werden viele Ihrer Aktivitäten bereits aufgezeichnet sein. Das ist der beste Ausgangspunkt zur Entwicklung einer Aufgabenliste, die »heute noch zu erledigen« ist.

Eine tageweise nach Prioritäten geordnete Liste bietet die Möglichkeit, Ihre Aufmerksamkeit auf Ihre wichtigsten Ziele zu konzentrieren. Beginnen Sie mit Ihrer Arbeit oben auf der Liste. Sollten unerwartete Verpflichtungen auf Sie zukommen, bestimmen Sie ihre Priorität und behandeln Sie sie demgemäß. Gebrauchen Sie nicht unerwartete Ereignisse als Ausrede, um sich ablenken zu lassen. Am Ende jedes Tages überprüfen Sie, was Sie erledigt haben, und übertragen Sie all jene Punkte auf Ihre Liste für den nächsten Tag, die noch nicht abgeschlossen sind. Dann setzen Sie erneut die Prioritäten für die Punkte des nächsten Tages fest.

Das Format Ihrer Liste ist nicht wesentlich. Es können die Prioritäten überall notiert werden – auf einem Kalender, einem gewöhnlichen Blatt Papier oder einem von Ihnen entwickelten Formular. Viele Papiergeschäfte bieten eine große Auswahl von verschiedenen Planungsformularen an. Das untenstehende Beispiel zeigt, wie einfach ein Tagesformular sein kann. Das Beispiel auf der nächsten Seite ist etwas komplizierter.

Benutzen Sie Ihre Liste der Aufgaben, die »heute noch zu erledigen« sind, um einen Tagesplan zu entwerfen. Er sollte Besprechungen und Termine sowie jene Zeit enthalten, die Sie für die Erledigung anderer Prioritäten auf Ihrer Liste benötigen.

Beispiel

Heute zu erledigen
Reisevorbereitungen treffen
Anwesenheit bei Budgetbesprechung 10,00 Uhr
Gehaltsaufstellungen vervollständigen
Konferenzraum für Mittwoch reservieren
Versicherungsvertreter anrufen
Zahnarzttermin vereinbaren

Arbeitsblatt für die Tagesplanung

Wochentag:	Datum:

Tätigkeiten, Besprechungen	Dauer	Priorität	ok
Telefon:			

Tagesdominante:
1.
2.
3.

Uhrzeit	Termine und Arbeitsplanung
07.00	
08.00	
09.00	
10.00	
11.00	
12.00	
13.00	
14.00	
15.00	
16.00	
17.00	
18.00	

(Dieses Blatt darf für den eigenen Gebrauch vervielfältigt werden.)

2.3.3 Besprechungsplaner

Müssen Sie oft Gespräche mit Mitarbeitern zum Informationsaustausch führen, bevor Sie eine Arbeit fertigstellen können? Dies bringt oft eine Unterbrechung mit sich, die Sie vielleicht als ablenkend oder störend empfinden. Eine Möglichkeit, diese Situation wirksam in den Griff zu bekommen, ist die Verwendung eines Besprechungsplaners (vgl. das untenstehende Beispiel).

Zuerst tragen Sie die Namen jener ein, an die Sie sich oft wenden müssen. Sobald Ihnen ein Punkt einfällt, den Sie miteinander besprechen müssen, notieren Sie ihn unter dem jeweiligen Namen. Wenn die Zeit für die Besprechung gekommen ist, setzen Sie die Prioritäten auf Ihrer Liste fest. Streichen Sie jene Punkte, die entweder nicht wichtig sind oder die besser auf eine andere Art behandelt werden können.

Besprechungsplaner		
Name:	Name:	Name:
Name:	Name:	Name:
Name:	Name:	Name:

(Dieses Blatt darf für den eigenen Gebrauch vervielfältigt werden.)

Die Eigenschaften eines guten Planers

Die folgenden Aussagen zeigen, wie verschiedene Aspekte der Planung von einzelnen Personen gesehen werden. Kreuzen Sie jene Aussagen an, die Ihrer Ansicht nach die Meinungen guter Planer widerspiegeln.

Es ist notwendig, zwei zeitliche Horizonte zu bestimmen und innerhalb dieser zu agieren. Das Vorwegnehmen von Ereignissen ermöglicht eine baldige Durchführung der Aufgaben, die zum Erreichen langfristiger Ziele beitragen ____ ○

Ein auf dem letzten Stand gehaltener Arbeitsplaner ist unter Umständen Ihre hilfreichste Unterstützung beim Planen. Es müssen allerdings detaillierte Projektpläne ausgearbeitet werden, bevor gültige Eintragungen in einem Arbeitsplaner gemacht werden können ____ ○

Sobald die Umstände hektisch zu werden beginnen, hilft Ihnen eine Liste der Aufgaben, die »heute noch zu erledigen« sind, dabei, Ihre Aufmerksamkeit auf die Punkte mit höchster Priorität zu konzentrieren ____ ○

Arbeitsblätter zur Handlungsplanung, Milestone-Charts und PERT-Diagramme sind hervorragende Planungshilfen, wenn sie richtig verwendet werden ____ ○

Das Planen von Besprechungen mit Ihren Kollegen und Mitarbeitern wird dazu beitragen, die Unterbrechung Ihrer geplanten Termine auf ein Minimum zu beschränken. Eine Möglichkeit dafür ist die Verwendung eines Arbeitsblattes für die Besprechungsplanung ____ ○

Die effektivsten Einstellungen zur Planung sind jene, die an die individuellen Bedürfnisse angepaßt sind. Alle Konzepte, Vorgangsweisen und Arbeitsblätter müssen verändert werden, um die Situation des Einzelnen zu berücksichtigen ____ ○

Fallstudie: Ein weiterer Tag im Büro

Es war 7 Uhr 20, als Martin im Büro eintraf. Er war früh dran, denn er wollte den Arbeitsrückstand aufholen, der sich auf seinem Schreibtisch angesammelt hatte. Er drehte die Lichter an und begann, die Post vom Vortag durchzusehen. Beim Lesen des ersten Briefes erkannte er, daß er sich mit dieser Angelegenheit erst befassen konnte, wenn auch ein Kollege da war. Er legte das Schriftstück zur Seite und nahm sich das nächste vor. Diese Sache konnte möglicherweise für das Projekt, an dem er gerade arbeitete, nützlich sein, also ging er den Korridor hinunter und fertigte davon eine Kopie für seinen persönlichen Gebrauch an.

Beim weiteren Durchlesen der Post fand er einen Artikel aus einer Zeitschrift, der ihn besonders interessierte, und er vertiefte sich darin. Erstaunt mußte er beim Aufsehen feststellen, daß bereits andere ins Büro kamen und es fast 9 Uhr geworden war. Rasch schob er die restliche Post in eine Ecke seines Schreibtisches und nahm sich die Mappe mit einem Projekt vor, das am nächsten Tag fällig war, wobei aber noch mindestens zwei Tage Arbeit geleistet werden mußten. Als er die Mappe öffnen wollte, schauten Kurt und Claudia in sein Zimmer und luden ihn ein, mit ihnen einen Kaffee zu trinken. Martin entschied, daß er zehn Minuten erübrigen konnte. Kurt und Claudia waren darauf erpicht, ihm Einzelheiten jenes Theaterstücks mitzuteilen, das sie am Vorabend besucht hatten. Bevor Martin es merkte, waren dreißig Minuten vergangen und er eilte in sein Büro zurück.

Als Martin sein Büro betrat, klingelte das Telefon. Herr Weber, sein Vorgesetzter, war am Apparat. Eine Besprechung war für 10 Uhr angesagt. Könnte Martin für ihn einspringen? Es war geplant, etwas dabei zu besprechen, worüber die Abteilung Bescheid wissen sollte. Martin sah auf seine Uhr. Er hatte nicht mehr genug Zeit, um das Projekt zu beginnen, also schob er den Akt zur Seite und schwor sich, sofort nach dem Mittagessen damit anzufangen.

Der Nachmittag verlief nicht besser. Ein paar Besucher, ein paar Telefonate, ein paar Briefe – und der Tag war vorbei. Er hatte nichts bezüglich des Projekts erledigt, das am nächsten Tag fällig war. Während er Papiere in seine Aktentasche stopfte, fragte er sich, wie Kurt und Claudia in der Lage waren, sich abends Theaterstücke anzusehen.

Prüfen Sie, wie Martin seine Zeit verwendet:

1. Nutzte er seine Spitzenzeit optimal? ________________ ○
2. Arbeitete er an jener Aufgabe, die für ihn höchste Priorität besaß? ________ ○
3. Konnte er, allem Anschein nach, »Nein« sagen? ________________ ○
4. Hatte er die Angewohnheit, begonnene Aufgaben fertigzustellen? ________ ○
5. Scheint er sein eigenes Problem zu verstehen? ________________ ○

2.4 Häufige Ursachen für Zeitverschwendung (Zeitdiebe)

Jeder verschwendet Zeit. Das gehört zum Menschsein. Ein Teil der verschwendeten Zeit kann konstruktiv verwendet werden, denn sie hilft Ihnen, sich zu entspannen oder auf andere Art und Weise Ihre Spannungen abzubauen. Ein anderer Teil der verschwendeten Zeit kann allerdings zu Frustrationen führen. Das ist besonders dann der Fall, wenn Sie Ihre Zeit vergeuden, weil Sie etwas weniger Wichtiges oder weniger Lustiges tun als das, was Sie sonst tun würden.

Die Schlüsselfrage ist, was Sie sonst tun könnten, und was für Sie persönlich eine höhere Priorität aufweist. Eine Pause machen, mit Kollegen reden, telefonieren oder lesen – das alles ist keine Zeitverschwendung, außer wenn Sie durch diese Aktivitäten von Ihren primären Zielen abgehalten werden.

Zeitverschwendung hat zwei Ursachen: Eine ist im Umfeld und in der Umgebung zu suchen, die andere ist man selbst. Einige typische Beispiele für beide sind auf der gegenüberliegenden Seite angeführt.

Beispiele für häufige Zeitdiebe

selbst verursachte:
mangelnde Organisation ____ Seite 52
Aufschieben ____ Seite 54
Unfähigkeit, »nein« zu sagen ____ Seite 54
mangelndes Interesse (Einstellung) ____ Seite 55
Ausgebranntheit ____ Seite 55

andere:
Plaudereien
unnötiger Perfektionismus

durch das Umfeld verursachte:
Besucher ____ Seite 56
Telefonanrufe ____ Seite 56
unnütze Post ____ Seite 57
Warten auf jemanden ____ Seite 57
unproduktive Besprechungen ____ Seite 58
Krisen ____ Seite 59

andere:
Kaffeeklatsch
nicht genutzte Berichte

Auf den nun folgenden Seiten dieses Buches werden wir uns darauf konzentrieren, die in Ihrem Fall häufigsten vorkommenden Ursachen für Zeitverschwendung zu erkennen und lernen, damit umzugehen.

2.5 Selbst verursachte Zeitdiebe

2.5.1 Mangelnde Organisation

Sie ist einer der hauptverantwortlichen Faktoren für Zeitvergeudung. Hinweise auf mangelnde Organisation zeigen sich in der Anordnung und im Aufbau der Arbeitsfläche und des Arbeitsplatzes. Wenn Sie Zeit damit verbringen, verlegte Gegenstände zu suchen, oder durch Unterbrechungen, Ablenkungen zu vergeuden, müssen Sie Ihren Arbeitsplatz überprüfen. Kontrollieren Sie ihn genau. Ist er brauchbar? Ist er so organisiert, daß Sie sich minimal anstrengen müssen? Gibt es da einen ungehinderten Fluß von Material und Bewegung? Haben Sie sich schon Gedanken über die Anordnung der Geräte wie des Telefons und der Rechenmaschine, gemacht, über die Entfernung häufig benützter notwendiger Dinge sowie über die Zugänglichkeit der in Bearbeitung befindlichen Akten für Sie?

Als nächsten Schritt konzentrieren Sie Ihre Aufmerksamkeit auf Ihren Schreibtisch. Ist seine Arbeitsfläche unordentlich und überfüllt? Wieviel Zeit vergeuden Sie damit, Dinge zu suchen, von denen Sie wissen, daß sie da sind, die Sie aber trotzdem nicht finden? Wann haben Sie zuletzt manche der Gegenstände in und auf Ihrem Schreibtisch benützt? Vielleicht wäre ein Großreinemachen angesagt?

Der alte Spruch »Für alles einen Platz und alles auf seinen Platz« ist der beste Rat für die Organisation der für Sie notwendigen Informationen. Die Akten und Ordner für die momentan zu erledigende Arbeit sollten offen aufgestellt und leicht erreichbar aufgestellt werden. Alles, was mit einem bestimmten Projekt in Zusammenhang steht, wird in einer eigenen Mappe aufbewahrt. Die einzelnen Akten sollten in einem Aktenplan aufgezeichnet werden, damit Sie sie beim Nachsehen schneller finden. Bei noch unerledigten Punkten ist eine Vorgangsweise angebracht, die unsere nochmalige Überprüfung der Unterlagen sichert (= Wiedervorlage). Außerdem sollte eine Mappe für Aktuelles, das Sie mit der Post, über das Telefon oder von Besuchern erhalten haben, angelegt und täglich kontrolloiert werden, damit Sie sehen, was getan werden muß.

Schließlich organisieren *Sie* Ihre Arbeitsweise! Lernen Sie Ihre Aufgaben fertigzustellen. Sollten Sie unterbrochen werden, springen Sie nicht gleich zur neuen Aufgabe. Überprüfen Sie erst die Priorität des Ansuchens und vermeiden Sie es, in irgendeine neue Aktivität hineingezogen zu werden, bevor sie nicht höchste Priorität ist. Sollten Sie durch das Telefon oder einen persönlichen Besuch unterbrochen werden, kehren Sie, sobald die Unterbrechung zu Ende ist, einfach zu der Aufgabe zurück, an der Sie eben noch arbeiteten.

Wie Sie sich Ihr persönliches Ablagesystem anlegen können

- Es ist nicht notwendig, allzu logisch vorzugehen. Es ist *Ihr* System und niemand sonst wird es benützen, also muß es nur für Sie Sinn ergeben.

- Verwenden Sie nur eine begrenzte Anzahl von Kategorien. Vielleicht finden Sie die folgenden fünf Beispiele passend:
  - Projekte: In diese Kategorie fallen einzelne Ordner mit Informationen, die mit verschiedenen Projekten, an denen Sie gerade arbeiten, in Zusammenhang stehen.
  - kurze Aufgaben: In diese Kategorie fallen jene Mappen und Ordner, die kurze Aktivitäten enthalten, welche Ihre Zeit ausfüllen können, wenn Sie nur ein paar Minuten zur Verfügung haben. Das wären, z. B. Briefe von geringer Priorität, die beantwortet werden müssen, oder Artikel von allgemeinem Interesse.
  - eigene Entwicklung: Dazu gehören jene Mappen und Ordner, die mit Ihrer Aus- und Weiterbildung in Zusammenhang stehen: Bücher, Artikel, usw.
  - Ideen: Diese Kategorie umfaßt jene Punkte, die Sie gerne weiter verfolgen würden, um Ihre Arbeitsweise zu verbessern.
  - Hintergrundinformationen: Diese Kateorie ist ein Sammelbecken für verschiedene Dinge, mit denen Sie sich gerade beschäftigen. Legen Sie sich separate Ordner für einzelne Themen an und benützen Sie sie nach Bedarf: Statistische Daten, Beispiele, Zitate, usw.

- Es ist vielleicht eine gute Idee, mit Hilfe einer farbigen Kennzeichnung Prioritäten innerhalb jeder einzelnen Kategorie zu markieren, um so Ihre Aufmerksamkeit auf die für Sie wichtigsten Tätigkeiten zu richten. Das kann man leicht mit Hilfe von Textmarkern (Leuchtstiften) verschiedener Farben und durch Kennzeichnung einzelner Ordner oder Akten erreichen.

- Halten Sie Ihr Ablagesystem immer auf dem neuesten Stand, sodaß Sie keine Zeit mit dem Suchen von irgend etwas vergeuden.

- Durchforsten Sie Ihre Ablagen in periodischen Abständen, um den Umfang des Materials auf ein wesentliches Minimum zu beschränken. Das wird Ihnen auch Zeit ersparen, wenn Sie die Ordner durchgehen, weil Sie etwas suchen.

2.5.2 Aufschieben

Wir alle zögern die Erledigung mancher Dinge hinaus. Als typische Beispiele dafür wären langweilige, schwierige, unangenehme oder komplexe Aufgaben zu nennen, die letzten Endes doch erledigt werden müssen. Sollte Ihnen das passieren, überlegen Sie sich folgendes:

- Setzen Sie eine Frist zur Erledigung der Aufgabe und halten Sie sich daran.
- Führen Sie ein Belohnungssystem ein. Sagen Sie sich z. B. »Sobald ich diese Aufgabe fertig habe, werde ich mit meiner Freundin/meinem Freund ein leckeres Essen genießen!« oder »Ich werde erst nach Hause gehen, wenn ich diese Aufgabe erledigt habe.«
- Machen Sie sich mit jemandem (einem Mitarbeiter, einer Sekretärin, etc.) aus, gemeinsam routinemäßig zu kontrollieren, wie weit Sie mit den Aufgaben gekommen sind, bei welchen Sie dazu neigen, sie aufzuschieben.
- Erledigen Sie lästige Aufgaben zu Beginn Ihres Arbeitstages, damit Sie sie fertig haben.

♦ ***Das Umgehen mit dem Aufschieben von Aufgaben:***
- ***Setzen Sie sich eine Frist***
- ***Führen Sie ein Belohnungssystem ein***
- ***Vereinbaren Sie Kontrollen***
- ***Tun Sie es zuerst***
- ***Teilen Sie die Arbeit in Teilstücke auf***
- ***Tun Sie es jetzt!***

2.5.3 Die Unfähigkeit, »nein« zu sagen

Zu irgend einem Zeitpunkt haben wir so viele Verpflichtungen und Termine, daß wir keine Möglichkeit mehr haben, Neues unterzubringen. In diesem Fall wird es Ihnen ein Rettungsanker sein, zu lernen, »nein« zu sagen. Wenn Sie mehr Aufgaben auf sich nehmen, als Sie erledigen können, wird die Qualität Ihrer Arbeit leiden und dann ist es besser für Sie, wenn Sie nur das übernehmen, was Sie bequem durchführen können.

Das Nein-Sagen muß nicht beleidigend wirken. Eine Möglichkeit wäre, eine Alternative anzubieten. Bevor Sie zu oft »ja« sagen, versuchen Sie einige der folgenden Antworten:

- »Ich kann mich zwar darum kümmern, aber das, was ich jetzt gerade tue, verzögert sich dadurch. Ist Ihnen das recht?«
- »Ich werde das gerne für Sie erledigen. Allerdings kann ich erst damit beginnen, wenn ich meine jetzige Arbeit erledigt habe. Das ist am ...«

- »Es tut mir leid, aber ich habe keine Zeit, eine neue Arbeit zu übernehmen. Ich melde mich bei Ihnen, sobald mein Terminplan etwas übersichtlicher geworden ist.«
- »Ich weiß Ihr Vertrauen zu schätzen, kann diese Angelegenheit aber derzeit nicht in meinen Terminplan einbauen. Tut mir leid.«
- »Es tut mir leid, aber ich kann das einfach nicht machen. Haben Sie schon daran gedacht, ... zu fragen?«

2.5.4 Mangelndes Interesse (Einstellung)

Sollten Sie Zeit einfach deshalb verschwenden, weil es Ihnen an Interesse mangelt, überlegen Sie sich, ob Ihnen nicht Alternativen offenstehen. Gedanken dazu wären z. B.:

- Denken Sie über Möglichkeiten nach, wie Sie Ihre Arbeit interessanter machen könnten.
- Schauen Sie, ob Sie nicht Aufgaben mit Kollegen tauschen können, um mehr Abwechslung zu haben.
- Bitten Sie um eine Reorganisation bzw. um Teilung Ihrer Arbeit.
- Lesen Sie nochmals die unter der Überschrift »Aufschub« angeführten Vorschläge.

2.5.5 Ausgebranntheit

Wenn Sie Zeit verschwenden, weil Sie sich »ausgebrannt« (total erschöpft) fühlen, sollten Sie sich über einige der oben beschriebenen Punkte genauere Gedanken machen. Wenn Sie daraus keinen Nutzen ziehen können, vereinbaren Sie ein Gespräch mit Ihrem Vorgesetzten, um mit ihm über die Gründe Ihrer »Ausgebranntheit« zu sprechen.

2.6 Umfeldbedingte Zeitdiebe

Selbst dann, wenn Sie Ihre Arbeit gut organisiert haben und Ihre Zeit effektiv nutzen, wird es immer wieder Unterbrechungen und Ablenkungen von außen geben. Im folgenden finden Sie einige Ideen, wie Sie mit den häufigsten Faktoren am besten umgehen könnten:

2.6.1 Besucher

Es erfordert sowohl Höflichkeit als auch ein gutes Urteilsvermögen, auf die Zeit Einfluß nehmen zu können, die von Besuchern in Anspruch genommen wird. Zu Beginn limitieren Sie die Anzahl der Leute, die Sie zu Ihrem Arbeitsplatz einladen. Falls Sie sich mit Kollegen aus Ihrem Unternehmen treffen müssen, besuchen Sie sie an deren Arbeitsplatz. So können Sie sich einfach entschuldigen, sobald Sie erledigt haben, was Sie wollten. Es ist oft schwieriger, die Leute dazu zu bringen, Ihren Platz zu verlassen, als sich von deren Platz zu entfernen.

Schrecken Sie unerwartete Besucher ab, indem Sie Ihren Schreibtisch von der Tür wegdrehen. Wenn die anderen sehen, daß Sie beschäftigt sind, werden sie Sie eher nicht unterbrechen wollen. Sie könnten außerdem erwägen, die Tür zu schließen (so Sie eine haben), wenn Sie sich konzentrieren müssen.

Sollte jemand unerwartet hereinschneien, stehen Sie auf, wenn Sie mit ihm oder ihr sprechen. Bitten Sie Ihren Besucher nicht, Platz zu nehmen, außer dann, wenn Sie Zeit erübrigen können. Wenn Sie stehen, wird sich der Besucher für gewöhnlich nicht hinsetzen. Auf diese Art und Weise sollten Sie eigentlich die Dauer des Besuchs verkürzen können. Falls das nicht funktioniert, seien Sie ehrlich und sagen Sie z. B.: »Danke ihnen, daß sie vorbeigeschaut haben. Sie müssen mich jetzt entschuldigen, denn ich muß noch dieses Projekt fertigstellen.«

2.6.2 Telefon

Viele Menschen werden ständig vom Telefon unterbrochen. Sie werden wohl nie alle Telefonate vermeiden können, allerdings können Sie sehr wohl die dafür benötigte Zeit beschränken. Wenn Sie in der glücklichen Lage sind, daß jemand Ihre Telefonate entgegennimmt, sollten die Anrufe selektiert werden. Überprüfen Sie, welche Anrufe von Ihnen persönlich bearbeitet werden müssen, und delegieren Sie die Beantwortung der anderen. Während Ihrer störungsfreien Zeiten veranlassen Sie, daß Ihnen eine Nachricht hinterlassen wird.

Beim Telefonieren beschränken Sie Ihre Höflichkeitsfloskeln auf das Notwendigste. Auf Fragen geben Sie kurze Antworten. Beenden Sie höflich das Gespräch, sobald sein geschäftlicher Zweck erreicht ist.

2.6.3 Post

Eine dritte Ablenkung ist durch die Post gegeben. Unaufhörlich kommt eine Flut von Briefen und anderen Schriftstücken zu uns, ohne daß wir es wollen. Wenn jemand für Sie Ihre Post aussortiert, geben Sie Richtlinien und sagen Sie, was Sie sich noch durchsehen wollen, was an andere weitergeleitet und was weggeworfen werden soll. Als Rangordnung für eine sortierte Postvorlage wäre denkbar:

- Telegramme
- Einschreiben per Eilboten
- Kontoauszüge
- Geschäftsbriefe und Rechnungen, Terminpost, Tagespost, Protokolle, Rundschreiben
- Werbeaussendungen
- Zeitschriften
- Kataloge
- Firmenzeitungen

Nehmen Sie jedes Poststück nur einmal zur Hand. Entscheiden Sie beim Lesen, welche Handlung erforderlich ist, dann führen Sie sie durch. (Auch wenn Sie den Brief nur in die Termin- oder Evidenzmappe geben.) Post mit »reiner Information« kann darin aufgehoben und zu einem später passenden Zeitpunkt gelesen werden (z. B. auf dem Weg vom oder zum Arbeitsplatz, beim Warten vor Terminen, beim Mittagessen, abends, usw.).

Sie können Zeit sparen, indem Sie einige Briefe am Telefon beantworten. Sollten Sie Informationen benötigen, wäre es möglich, jemand anderen telefonieren zu lassen und weiterzuleiten, was gebraucht wird.

Eine andere Idee ist es, eine kurze Antwort mit der Hand auf den Originalbrief zu schreiben und zurückzuschicken. Sie können ihn auch, falls erforderlich, fotokopieren, bevor Sie ihn zur Post tragen.

2.6.4 Warten

Wir alle verbringen zu viel Zeit mit Warten – auf den Beginn eines Treffens oder einer Besprechung, auf andere, die etwas erledigen sollen, auf Flugzeuge und auch auf dem Weg vom oder zum Arbeitsplatz. Es gibt Möglichkeiten, diese »Wartezeit« besser zu nutzen.

Wartezeit muß nicht verschwendete Zeit sein. Zwei Vorgangsweisen können da helfen. Erstens: Verbringen Sie nicht unmäßig lange Zeit mit dem Warten auf andere, mit welchen Sie eine Vereinbarung haben. Wenn Sie jemanden in seinem Büro besuchen und nicht prompt empfangen werden, hinterlassen Sie doch eine Nachricht bei der Sekretärin, damit Sie angerufen werden, sobald Ihr Gesprächspartner bereit ist, und gehen Sie in Ihr Büro zurück.

Die andere Möglichkeit, mit Wartezeit umzugehen ist es, sie produktiv zu verwenden. Lesen Sie z. B. Ihre Post (einschließlich berufsspezifischer Zeitschriften und Fachzeitungen), nehmen Sie sich einen Notizblock und Schreibzeug mit, um Planungen durchzuführen oder Briefe zu schreiben, und/oder tragen Sie einen Ordner mit Tätigkeiten geringer Priorität bei sich, die Sie währenddessen bearbeiten können. Ein handlicher Kassettenrecorder kann Sie auch dabei unterstützen, Ihre Produktivität auf Reisen bzw. bei der Fahrt zum oder vom Arbeitsplatz zu erhöhen. Entweder Sie hören sich informative Bänder an oder aber Sie verwenden den Apparat, um Ideen und Anweisungen für den Zeitpunkt festzuhalten, wenn Sie in Ihr Büro zurückkommen.

2.6.5 Besprechungen

Sowohl bei Besprechungen, die Sie einberufen, als auch bei jenen, wo Sie teilnehmen, kommt es zu Zeitvergeudung.

Wenn Sie eine Besprechung einberufen, überlegen Sie, was Sie damit erreichen wollen. Beschränken Sie die Anzahl der Teilnehmer auff das Minimum und laden Sie nur jene ein, die wirklich dabei sein müssen. Skizzieren Sie kurz Ihre Tagesordnung und kommen Sie dann gleich zum Zweck der Besprechung. Setzen Sie ein Zeitlimit fest. Halten Sie die Diskussion beim Thema, indem Sie in regelmäßigen Abständen zusammenfassen, an welcher Stelle Sie sich gerade befinden. Sobald das Geschäftliche beendet ist, legen Sie Aufgabenbereiche fest und setzen Sie Kontrolltermine fest, damit die Entscheidungen in Handlungen umgesetzt werden. Dann beenden Sie die Besprechung.

Eine häufige Ursache für Zeitverschwendung sind »regelmäßig stattfindende Personalbesprechungen«. Zwei Vorschläge können in dieser Hinsicht entscheidende Verbesserungen bringen. Erstens: Legen Sie die Tagesordnungspunkte fest, indem Sie die Frage stellen: »Worüber müssen wir uns heute unterhalten?« Sollte mehr Material hervorgebracht werden, als in der zur Verfügung stehenden Zeit behandelt werden kann, setzen Sie Prioritäten auf Ihrer Liste. Sollte nichts Wesentliches eingebracht werden, vertagen Sie die Besprechung. Ein zweiter Vorschlag wäre, all jene Themen herauszunehmen, die im Gespräch von nur zwei Teilnehmern gelöst werden können. Dieses sollte unter vier Augen stattfinden.

Bevor Sie an einer Besprechung anderswo teilnehmen, versichern Sie sich erst einmal, daß es notwendig ist, daß Sie dabei sind. Wenn ja, so kommen Sie pünktlich und auf die Teilnahme an der Diskussion bzw. Besprechung vorbereitet. Vermeiden Sie es, vom Thema abzuschweifen. Unternehmen Sie Anstrengungen, um das Meeting produktiv zu machen. Fügen Sie Ihrer Liste der zu erledigenden Aufgaben etwaige Punkte innerhalb eines angemessenen Prioritätenrahmens hinzu, die einer weiteren Bearbeitung bedürfen.

2.6.6 Krisen

Viele meinen, daß Krisen unvermeidbar sind. Das stimmt nur zum Teil. Es kommt zwar zu unerwarteten Ereignissen, die man vielleicht erst in den Griff bekommen muß. Jedoch sind viele Krisen sich wiederholende Ereignisse, die durch etwas hervorgerufen werden, das entweder getan oder unterlassen wurde. Wenn Sie etwas aufschieben, das getan werden müßte, tragen Sie dazu bei, eine zukünftige Krise zu erzeugen.

Ein Ausgangspunkt zur Verminderung der Anzahl zukünftiger Krisen ist die Überprüfung der Krisen der Vergangenheit. Gibt es da Muster? Oftmals können Sie eine Lösung auf sich wiederholende Probleme entwickeln. Wenn z. B. regelmäßig ein bestimmter Teil der Maschinen kaputt wird, können Sie den nächsten Zusammenbruch durch Ersatz des bestimmten Teils, durch Bereithalten eines Reserveteils, usw. rechtzeitig vermeiden.

Ein anderer Weg zur Verminderung von Krisen ist die Kontingenzplanung. Untersuchen Sie die Schlüsselelemente eines Projekts (Qualität, Quantität, Kosten und Zeitfaktor) und überdenken Sie drei Fragen, sodaß Sie vorbereitet sind, wenn es zu einer Krise kommt:

- Was wird wahrscheinlich schieflaufen?
- Wann werde ich davon erfahren?
- Was werde ich dann unternehmen?

Manche Krisen sind jenseits Ihrer Kontrolle. Es kann z. B. sein, daß Ihnen unrealistische Fristen aufgezwungen werden, sich in der letzten Minute die Prioritäten ändern, Menschen Fehler machen, Maschinen zusammenbrechen, usw. Sollte das passieren, atmen Sie tief durch und entspannen Sie sich für ein paar Minuten. Überlegen Sie, was getan werden muß, und betrachten Sie die möglichen Lösungsalternativen. Dann gehen Sie an die Situation in einer geordneten und methodischen Weise heran. Damit vermeiden Sie durch Lösung der ersten Krise, eine zweite heraufzubeschwören.

Wenn etwas schiefläuft

- Neuerliche Verhandlung: Wenn Sie einen Termin oder eine Frist nicht einhalten können, ist es das Einfachste, den Termin neu auszuhandeln. Vielleicht gibt es genug Spielraum, sodaß eine Verlängerung von ein oder zwei Tagen wirklich keinen Unterschied macht.

- *Die verlorene Zeit während der späteren Schritte wieder einholen:* Wenn ein Schritt in den ersten Phasen eines Projekts länger dauert als geplant, überprüfen Sie erneut die Zeit, die den restlichen Schritten zugeteilt wurde. Vielleicht kann anderswo Zeit eingespart werden, sodaß sich die Gesamtdauer des Projekts nicht verlängert.
- *Verringerung des Umfangs des Projekts:* Sobald Sie einmal mit einem Projekt begonnen haben, finden Sie vielleicht heraus, daß es länger dauern wird, alles fertigzustellen, was Sie geplant haben. Wenn es kritisch wird, könnte es sein, daß Sie einige unwesentliche Dinge streichen müssen, um den Termin einhalten zu können.
- *Einsatz von mehr Ressourcen:* Sie müssen vielleicht mehr Personen oder Maschinen für ein Projekt einsetzen. Dieser Entschluß steigert eindeutig die Kosten, stellt also eine Entscheidung dar, wo die Kosten und die Wichtigkeit der Einhaltung der Frist gegeneinander abgewogen werden müssen.
- *Akzeptieren von Ersatz.* Sollte etwas, das Sie brauchen, nicht verfügbar sein, können Sie es vielleicht durch ein vergleichbares Stück ersetzen, um Ihren Termin einhalten zu können.
- *Suchen alternativer Bezugsquellen:* Wenn ein Lieferant, von dem Sie abhängig sind, nicht innerhalb des von Ihnen gewünschten zeitlichen Rahmens liefern kann, schauen Sie sich nach anderen Lieferanten um, die dazu in der Lage sind. (Vielleicht entscheiden Sie sich dafür, andere Quellen zu verfolgen, bevor Sie einem Ersatz zustimmen.)
- *Akzeptieren von Teillieferungen:* Manchmal kann ein Lieferant nicht den gesamten Auftrag auf einmal abwickeln, kann jedoch in einem Umfang liefern, der für Sie erforderlich ist, um Sie über einen kritischen Punkt zu bringen. Danach kann der Rest der Bestellung zur Zufriedenheit aller Beteiligten geliefert werden.
- *Anbieten von Anreizen:* Bei dieser Möglichkeit geht es darum, Bedingungen einer Abmachung zu überschreiten, mit dem Ziel, jemanden, von dessen Arbeit Sie abhängig sind, dazu zu bringen, zusätzliche Anstrengungen zu unternehmen. Das kann z. B. eine Bonusklausel in einem Vertrag für die rechtzeitige Lieferung oder auch eine Pönaleregelung für verzögerte Lieferungen sein, kann aber auch nur einfach darin bestehen, jemanden zum Mittagessen einzuladen, damit er zusätzliche Anstengungen unternimmt.
- *Erfüllung der Vertragsbedingungen verlangen:* Manchmal ist es notwendig, sich für seine Rechte einzusetzen und die Lieferung gemäß der Abmachung zu verlangen. In bestimmten Fällen wird eine Berufung auf höhere Behördeninstanzen die gewünschten Ergebnisse bringen.

Checkliste: Der Umgang mit Ihren Zeitdieben

Jetzt, wo Sie über die Ursachen der Zeitverschwendung und das Umgehen damit gelesen haben, nehmen Sie sich ein paar Minuten Zeit und betrachten Sie Ihre eigene Situation. Erstellen Sie eine Liste von möglichst vielen Ursachen für Zeitverschwendung, die Sie schon erlebt haben. Dann wählen Sie die drei wichtigsten aus und denken Sie über Möglichkeiten nach, wie Sie mit ihnen fertig werden können.

Liste der Zeitdiebe

selbst verursacht	umfeldbedingt
______________________	______________________
______________________	______________________
______________________	______________________
______________________	______________________
______________________	______________________

- Wählen Sie aus dieser Liste der Zeitdiebe die drei wichtigsten. Welche sind es? Wieviel Zeit nehmen Sie in Anspruch? Worin liegt ihre Ursache?

– ____

____

– ____

____

– ____

____

- Erstellen Sie eine Liste von Möglichkeiten, um die Auswirkungen dieser Zeitdiebe zu verringern.

____

____

Fallstudie: Das Programm funktioniert wirklich

Ich habe es immer bewundert, wie Peter so viel schaffen kann, ohne jemals den Anschein zu vermitteln, unter Druck zu stehen oder in Eile zu sein. Er hat offenbar immer genug Zeit, wenn wir miteinander sprechen. Ich weiß ganz sicher, daß er nur selten Arbeit mit nach Hause nimmt. Schließlich habe ich mich dazu entschlossen, Peter nach den Geheimnissen seines Zeitmanagements zu fragen.

Anfangs erzählte er mir, daß er einmal ein wirkliches Problem mit seiner Zeitplanung gehabt hatte. Deshalb hatte er nach Möglichkeiten gesucht, seine Zeit besser zu nutzen. Er hatte dann Bücher über dieses Thema gelesen und einige der darin stehenden Ideen in die Praxis umgesetzt. Peter erklärte mir, daß er in der wichtigsten Lektion gelernt hatte, Techniken und Methoden an seine individuelle Situation anzupassen. Peter führte die folgenden vier grundlegenden Konzepte als Schlüssel für seinen Erfolg an:

Erstens, und das war das Wichtigste, sagte Peter, orientiert er sich immer an der Zukunft. Er erstellt eine Liste der Ziele, auf die er gerade hinarbeitet und hat einen Plan, wie er sie erreichen will. Er sagte, er habe gelernt vorzuplanen – einzuplanen, wann Aufgaben fällig sind, ohne darauf zu warten, daß man ihn darum bittet. Beispielsweise ist das Budget im zweiten Quartal jedes Jahres fällig. Peter wartet nicht, bis er eine Notiz erhält, worin er ersucht wird, das Budget fertigzustellen, sondern er baut es gleich in seine Terminplanung ein.

Zweitens setzt er Prioritäten. Es gibt immer mehr zu tun, als in der zur Verfügung stehenden Zeit erledigt werden kann. Das bedeutet dann bisweilen, daß er auf etwas verzichten muß, das er gerne tun würde, und stattdessen etwas unbedingt Notwendiges tun muß. Wenn er Prioritäten setzt, sagt Peter, berücksichtigt er sowohl die Wünsche seines Vorgesetzten als auch seine eigene Situation.

Drittens, verriet Peter, hatte er gelernt, nicht alles selbst zu tun. Er verläßt sich auf seine Mitarbeiter. Peter kennt die Personen, welchen er vertrauen kann, und läßt sie ihre Arbeit tun. Er schult auch andere ein, bis er auch ihnen vertrauen kann.

Schließlich, sagte er, sollte man nur jene Methoden und Techniken anwenden, die einem wirklich helfen. Zum Beispiel, meinte er, schreibt er an den meisten Tagen keine Liste der zu erledigenden Aufgaben, da er an vielen Arbeitstagen nur Routinearbeiten zu erledigen hat. Wenn allerdings der Stapel an Arbeit beginnt, allzu groß zu werden, macht er eine Liste und beginnt mit den Tätigkeiten höchster Priorität.

Das ist, laut Peter, alles.

Vier grundlegende Ideen, die Ihnen helfen, besseren Einfluß über Ihre Zeit zu bekommen: (1) Kenntnis des eigenen Kalendes, (2) zeitliche Verpflichtungen nach Prioritäten ordnen, (3) Nutzung der Fähigkeiten und Fachkenntnisse der anderen und (4) Verwendung jener Techniken und Methoden, die Sie in Ihrer eigenen Situation unterstützen.

1. Glauben Sie, daß Peters Chef ihn als guten Vorgesetzten ansieht, und warum?

2. Was denken Ihrer Meinung nach Peters Mitarbeiter über ihre Arbeit für ihn und warum?

3. Was lernen Sie aus Peters Vorgangsweise, was auch Ihnen helfen könnte?

Checkliste:

Sechs Tips für ein wirksames Zeitmanagement

1. Erstellen Sie eine Liste der Ziele für eine Woche und setzen Sie Prioritäten.

2. Machen Sie täglich eine Liste der zu erledigenden Dinge und ordnen Sie sie nach Prioritäten.

3. Widmen Sie Ihre Aufmerksamkeit primär den A-Aufgaben.

4. Erledigen Sie jedes Stück Papier gleich beim ersten Mal, wenn Sie es zur Hand nehmen.

5. Fragen Sie sich immer wieder: »Wie kann ich genau jetzt meine Zeit optimal nutzen?«

6. Tun Sie ´s!*

* ***»Der beste Weg, um zu beginnen, ist es, zu beginnen.«***

Marie Edmond Jones

Teil 3:

Aktionsplanung

3.1 Die Anwendung des Gelernten

Dieser Abschnitt enthält Arbeitsblätter, die Ihnen dabei helfen, die Prinzipien und Techniken des Zeitmanagements an Ihre eigene Situation anzupassen. Um diesen Abschnitt abzuschließen, müssen Sie folgendes tun:

3.1.1 Daten sammeln

Führen Sie eine Woche lang eine Tätigkeiten-Zeiterfassung durch mit den auf den Seiten 69 und 71 dargestellten Formularen. Das wird Ihnen genaue Informationen geben, um Ihre Zeitverwendung zu verbessern. Seien Sie ehrlich – und achten Sie besonders auf Details.

3.1.2 Ihre Nutzung von Zeit analysieren

Unter Verwendung der gesammelten Daten analysieren Sie Ihre derzeitige Nutzung der Zeit. Erstellen Sie eine Liste der Verbesserungsmöglichkeiten.

3.1.3 Aktionsplan erarbeiten

Auf der Basis der Analyse entwickeln Sie spezifische Aktionspläne, um die gewünschten Verbesserungen bei der Nutzung Ihrer Zeit einzuleiten.

3.1.4 Überprüfung durchführen

Sechs Wochen nach dem Beginn Ihrer Bemühungen zur Verbesserung Ihrer Zeitnutzung füllen Sie das Blatt »Prüfung der bisher gemachten Fortschritte« auf Seite 79 aus, damit Sie Ihre Fortschritte abschätzen können und feststellen, welche Arbeit noch vor Ihnen liegt.

3.2 Zeitanalyse

Ein wirkungsvolles Instrumentarium zur Erfassung der Tätigkeiten und der zu ihrer Bearbeitung benötigten Zeiten ist die sogenannte Zeitanalyse. Es handelt sich dabei um eine tägliche Multi-Moment-Aufnahme über einen Zeitraum von etwa 2 bis 3 Wochen. Diese Aufnahme sollte in einem Zeitraum erfolgen, der für den Jahresdurchschnitt repräsentativ ist. Je länger diese Aufnahme durchgeführt wird, desto aussagefähiger wird sie.

Voraussetzung für die Analyse ist eine gezielte Erhebung der entsprechenden Daten. Dazu benötigen wir das Arbeitsblatt Zeitanalyse.

Die Analyse der eigenen Zeitverwendung besteht aus folgenden Abschnitten:

- Tätigkeiten-Zeit-Erfassung
- Auswertung der Zeitanalyse

3.2.1 Tätigkeiten-Zeit-Erfassung

- Wählen Sie eine bis zwei typische Wochen (d. h. berücksichtigen Sie nicht Urlaube, Krankenstände, Abwesenheit vom Arbeitsplatz aus privaten Gründen, Feiertage, usw.)
- Listen Sie Ihre einzelnen Tätigkeiten auf und erfassen Sie den Zeitbedarf. Zeichnen Sie die von Ihnen verrichteten Tätigkeiten und die dafür benötigten Zeiten möglichst lückenlos auf.

  In der ersten Spalte werden die Tätigkeiten eines Arbeitstages möglichst detailliert festgehalten und in den ansschließenden Spalten (2 bis 8) die dafür verwendete Zeit festgehalten. In den Spalten 2 bis 7 werden Striche, die dem Zeitaufwand entsprechen, in der letzten Spalte die tatsächlich in Anspruch genommene Zeit eingetragen.
- Schreiben Sie einen Kommentar zu jeder einzelnen Aktivität. Dauerte sie vielleicht etwas länger als gewöhnlich? Warum? Gab es Unterbrechungen?
- Am Ende des Tages notieren Sie, ob dieser Tag typisch war, eher arbeitsreicher oder weniger arbeitsreich als normal. Addieren Sie die Zeitspannen, die Sie für die verschiedenen Hauptgruppen von Aktivitäten benötigt haben (Besprechungen, Besuche, Telefonate, Post, usw.) und schreiben Sie die Gesamtsummen sowie sonstige Kommentare unten auf Ihr Erfassungsblatt.

Tätigkeiten-Zeit-Analyse							
Datum: *24. 11.*	Arbeitsbeginn: *8.00*				Arbeitsende: *16.30*		
Tätigkeiten	Anzahl der Tätigkeiten und Zeitaufwand in Minuten						
	1–5 MW 2,5	6–10 MW 7,5	11–15 MW 12,5	16–20 MW 17,5	21–25 MW 22,5	26–30 MW 27,5	über 30 netto
telefonieren	✓✓✓	✓✓			✓	✓	35
besprechen			✓	✓			48
ablegen	✓✓						
suchen		✓					
kopieren	✓✓		✓				
Wege erledigen						✓	52
Pausen machen			✓				35
rechnen				✓			
lesen					✓		
schreiben			✓				
planen, überlegen				✓			35
Bleistift spitzen	✓✓						
plaudern			✓				
diktieren				✓			40

Anmerkung: Fotokopieren Sie das Blankoformular auf der nebenstehenden Seite für jeden Wochentag.

Tätigkeiten-Zeit-Analyse							
Datum:	Arbeitsbeginn:			Arbeitsende:			
Tätigkeiten	Anzahl der Tätigkeiten und Zeitaufwand in Minuten						
	1–5 MW 2,5	6–10 MW 7,5	11–15 MW 12,5	16–20 MW 17,5	21–25 MW 22,5	26–30 MW 27,5	über 30 netto

3.2.2 Auswertung der Zeitanalyse

- Statistische Auswertung

Die Auswertung erfolgt mit dem auf der Folgeseite abgebildeten Arbeitsblatt. Die Einzelschritte sind mit Ziffern in Klammern beschrieben und finden sich im Arbeitsblatt wieder.

(1) Ermitteln Sie die Summe der einzelnen Tätigkeiten pro Zeile

(2) Errechnen Sie den prozentuellen Anteil dieser Tätigkeit mit der Formel:

$$\frac{\text{Summe der Einzeltätigkeiten x 100}}{\text{Gesamtzahl der Tätigkeiten}}$$

(3) Ordnen Sie den ermittelten Prozentsätzen den entsprechenden Rang zu, wobei der höchste Prozentwert den Rangplatz 1, der niedrigste Prozentwert den letzten Rangplatz erhält.

(4) Ermitteln Sie pro Zeile die jeweils aufgewendete Zeit. Dabei müssen Sie die Anzahl der Striche mit dem Mittelwert der Spalte multiplizieren und über die Zeile aufaddieren (z. B. 3 Striche in der Spalte bis 5 Minuten und 2 Striche in der Spalte bis 15 Minuten ergeben eine Gesamtzeit von 3 x 2,5 Minuten und 2 x 12,5 Minuten, das sind 32,5 Minuten).

(5) Errechnen Sie den prozentuellen Anteil nach der Formel:

$$\frac{\text{Zeitaufwand pro Tätigkeit x 100}}{\text{Gesamtzeit}}$$

(6) Vergeben Sie wieder für den höchsten Prozentsatz den Rangplatz 1, für den niedrigsten Prozentsatz den letzten Rangplatz.

Auswertung der Tätigkeiten-Zeit-Analyse						
Tätigkeiten	Anzahl der Tätigkeiten (T)			Zeitaufwand (t)		
	Summe	%	Rang	Summe	%	Rang
Gesamtsumme						

- **Inhaltliche Auswertung**

Verwenden Sie Ihre Erfassungsblätter als Basis. Ziehen Sie Schlußfolgerungen und schreiben Sie Ihre Antworten auf die folgenden Fragen auf:

- Welche Tageszeit war an den einzelnen Tagen am produktivsten? Welche war am unproduktivsten? Warum war das so?

____

____

____

- Welche Muster für mangelnde Effektivität bzw. mangelnde Leistung wiederholen sich (z. B. das Warten auf etwas, das Suchen von jemandem, Unterbrechungen, usw.)?

____

____

____

- Was tun Sie, was vielleicht nicht notwendig ist? (Seien Sie mit Ihren Angaben nicht kleinlich, denn diese Liste dient bloß Ihrer späteren Überprüfung.)

____

____

____

- Was tun Sie, was vielleicht nicht angebracht ist? (Auch das sind Angaben Ihrer Zukunftsaussichten, die Sie später überprüfen können.)

____

____

____

– Wo gibt es Möglichkeiten für eine Steigerung Ihrer Effizienz?

– Bei welchen Gelegenheiten lassen Sie es zu, daß die Prioritäten von Aktivitäten verdrängt werden, die Sie zu Ihrem Vergnügen machen?

– Welche Aktivitäten tragen nicht zur Erreichung Ihrer Ziele bei? Wie können Sie das ändern?

– Welchen Prozentsatz Ihrer Arbeitszeit verbringen Sie durchschnittlich mit produktiver Arbeit? (Seien Sie ehrlich.) Was ist Ihre Reaktion auf diese Zahl?

3.3 Planung für eine verbesserte Nutzung der Zeit

Schritt 1

Schreiben Sie Ihr Ziel für eine verbesserte Nutzung Ihrer Zeit auf. Seien Sie genau – sowohl hinsichtlich der Zeit, die Sie innerhalb Ihres Wochenplans einsparen, als auch hinsichtlich des Termins, bis zu dem Sie dies spätestens erreichen wollen.

Schritt 2

Überprüfen Sie Ihre Bereiche nach Veränderungsmöglichkeiten. Seien Sie genau. Welche Aufgaben können Sie eliminieren bzw. neu zuteilen? Welche Ursachen für Zeitverschwendung können eliminiert oder reduziert werden? Welche Planungen müssen durchgeführt werden?

Möglichkeiten und Gelegenheiten	geschätzte Zeiteinsparung

Schritt 3

Wählen Sie jene Tätigkeiten aus, denen Sie nachgehen wollen. Addieren Sie die erwarteten Zeiteinsparungen und vergleichen Sie sie mit den erreichten. (Hier ist Platz für die Planung von drei Aktivitäten. Sollten Sie vorhaben, mehr Tätigkeiten zu verfolgen, kopieren Sie so viele Seiten zusätzlich, wie Sie benötigen.)

Möglichkeit Nr. 1

Aktionsschritte Zieldaten

Möglichkeit Nr. 2

Aktionsschritte | Zieldaten

Möglichkeit Nr. 3

____

____

Aktionsschritte	Zieldaten
______________________	__________
______________________	__________
______________________	__________
______________________	__________
______________________	__________
______________________	__________
______________________	__________
______________________	__________
______________________	__________

Schritt 4

Machen Sie eine Liste derer, die einbezogen werden müssen, wenn Sie die Veränderungen in die Tat umsetzen wollen. Dabei sollte auch eine Überprüfung und Genehmigung Ihres unmittelbaren Vorgesetzten als auch die Zustimmung und Zusammenarbeit jener berücksichtigt werden, die vielleicht einen Teil Ihrer Pflichten und/oder Aufgabenbereiche übernehmen.

Vorgesetzter:

Mitarbeiter:

Personal:

Schritt 5

Führen Sie nach 30 Tagen eine Kontrolle durch. Überprüfen Sie Ihre Fortschritte und führen Sie jene Schritte nochmals durch, die nicht die von Ihnen erhofften Ergebnisse hervorgerufen haben.

Notizen:

Checkliste:

Überprüfung der bisher gemachten Fortschritte

Anweisungen: Sechs Wochen nach dem Beginn Ihrer Bemühungen zur Verbesserung Ihrer Zeitnutzung füllen Sie das folgende Kontrollblatt aus. Es wird Ihnen zeigen, wo Sie gut vorankommen und welchen Gebieten Sie noch mehr Aufmerksamkeit widmen müssen.

Schlüssel zur Bewertung mit Hilfe der Noten: Ja bzw. immer – »1«; normalerweise – »2«; manchmal – »3«; selten – »4«; nie bzw. nein – »5«; nicht anwendbar – »na«.

1. Haben Sie eine Liste mit schriftlich klar definierten Zielen? ______ 1 2 3 4 5 na
2. Planen Sie Ihre Zeit auf einer wöchentlichen und täglichen Basis? ______ 1 2 3 4 5 na
3. Können Sie sich länger störungsfreie Zeiten nehmen, wenn Sie sie benötigen? ______ 1 2 3 4 5 na
4. Sind Sie imstande, wiederholt auftretende Krisen während Ihrer Arbeit zu reduzieren bzw. völlig aus der Welt zu schaffen? ______ 1 2 3 4 5 na
5. Lehnen Sie es ab, Telefonate entgegenzunehmen, wenn Sie gerade in einem wichtigen Gespräch sind oder in einer wichtigen Arbeit stecken? ______ 1 2 3 4 5 na
6. Nutzen Sie Ihre Fahrt- und Wartezeiten produktiv? ______ 1 2 3 4 5 na
7. Delegieren Sie so viel wie möglich? ______ 1 2 3 4 5 na
8. Können Sie verhindern, daß Ihr Personal seine Aufgaben und Entscheidungsfindung an Sie delegiert? ______ 1 2 3 4 5 na
9. Nehmen Sie sich jeden Tag Zeit, um darüber nachzudenken, welche Ziele Sie gerade verfolgen, und vergleichen diese damit, was Sie eigentlich zu erreichen trachten? ______ 1 2 3 4 5 na
10. Haben Sie während der vergangenen Woche irgendwelche Ursachen für Zeitverschwendung eliminieren können? ______ 1 2 3 4 5 na
11. Haben Sie das Gefühl, Einfluß auf Ihre Zeiteinteilung zu haben? ______ 1 2 3 4 5 na
12. Sind Ihr Schreibtisch und Ihr Büro gut organisiert, weder unordentlich, noch vollgeräumt? ______ 1 2 3 4 5 na
13. Haben Sie die bei Besprechungen auftretende Zeitverschwendung verringern oder ganz beseitigen können? 1 2 3 4 5 na
14. Haben Sie Ihre Neigung, Dinge aufzuschieben, überwunden? ______ 1 2 3 4 5 na

15. Führen Sie Ihre Aufgaben nach den gesetzten Prioritäten durch? ______ 1 2 3 4 5 na
16. Widerstehen Sie der Versuchung, in nicht produktive Tätigkeiten hineingezogen zu werden? ______ 1 2 3 4 5 na
17. Haben Sie Ihre Terminplanung derart im Griff, daß nicht andere Ihre Zeit verschwenden müssen, weil sie auf Sie warten? ______ 1 2 3 4 5 na
18. Halten Sie Ihre Fristen und Stichtage ein? ______ 1 2 3 4 5 na
19. Können Sie jene paar Aufgaben genau nennen, die für den Hauptanteil Ihrer Ergebnisse verantwortlich sind? ___ 1 2 3 4 5 na
20. Sind Sie besser organisiert und erreichen Sie mehr als vor sechs Wochen? ______ 1 2 3 4 5 na
21. Konnten Sie den Zeitaufwand verringern, den Sie für routinemäßige Büroarbeiten benötigen? ______ 1 2 3 4 5 na
22. Halten Sie die Anzahl der Unterbrechungen und hereinschneienden Besucher wirksam in einem bestimmten Rahmen? ______ 1 2 3 4 5 na
23. Haben Sie gelernt, »nein« zu sagen, wenn Sie es sollten? ___ 1 2 3 4 5 na
24. Halten Sie sich auf den wichtigsten Gebieten stets durch Lesen auf dem Laufenden? ______ 1 2 3 4 5 na
25. Haben Sie genügend Zeit für sich selbst freigehalten – für Erholung, Entspannung, Weiterbildung, Arbeit für die Gemeinschaft, Familie? ______ 1 2 3 4 5 na

Gesamtpunkteanzahl: ______

Bewertung:

Addieren Sie die bei jeder einzelnen Frage gegebenen Punkte. Je weniger Punkte Sie haben, umso besser. Achten Sie besonders auf jene Fragen, die Sie mit »4« oder »5« bewertet haben. Dies sind Herausforderungen für Ihre weitere Entwicklung. Dieses Blatt sollte zur Überprüfung vierteljährlich neu ausgefüllt werden, da wir üblicherweise dazu tendieren, in alte Gewohnheiten zurückzufallen.

Teil 4:

Zusammenfassung

Wir gratulieren zur Beendigung dieses Programms – wir hoffen, daß die damit verbrachte Zeit für Sie erfolgbringend gewesen ist.

Fast jeder hat die Möglichkeit und Fähigkeiten, acht bis zehn Stunden pro Woche einzusparen. Um das zu erreichen, braucht man Disziplin und muß sich an die in diesem Buch angegebenen Grundprinzipien halten.

4.1 Zeitmanagement in wenigen Worten

Zur Wiederholung: Sie müssen erkennen, auf welche Zeitspannen Sie Einfluß nehmen können. Entwickeln Sie Vorgangsweisen für sich wiederholende Tätigkeiten und/oder setzen Sie die zur Verfügung stehenden Technologien ein. Sie sollten sich auf jene Aktivitäten konzentrieren, wo sich die Einflußnahme in großem Ausmaß bezahlt macht.

Legen Sie außerdem Ihren persönlichen Energiezyklus fest und nutzen Sie ihn so gut wie möglich. Verwenden Sie Ihre Spitzenzeit für Aufgaben, die Ihre Konzentration erfordern. Wenn möglich, planen Sie, während Sie Ihr Hoch haben, eine ruhige Zeitspanne ein, sollten Sie dringende Angelegenheiten zu erledigen haben.

Als nächster Schritt legen Sie sich Ziele für ein Quartal fest und planen Sie, wie diese Ziele in die Praxis erreichen wollen. Bleiben Sie flexibel, um auf unerwartete Ereignisse reagieren zu können. Legen Sie die Prioritäten für die Aktionsschritte fest, die für die Erreichung Ihrer Ziele erforderlich sind.

Analysieren Sie, wie Sie Ihre Zeit nutzen. Führen Sie eine »Tätigkeiten-Zeit-Erfassung« durch für eine für Sie typische Woche. Überprüfen Sie dann Ihre Aktivitäten, nach den Prinzipien der Notwendigkeit, Zuständigkeit und der Effizienz. Aufgrund dieser Überprüfung legen Sie die wesentlichen Elemente Ihrer Arbeit fest, bestimmen die Ursachen für Ihre Zeitverschwendung und behandeln sie entsprechend.

Schließlich halten Sie sich vor Augen, daß die in diesem Buch vorgebrachten Ideen an Ihre eigene einmalige Situation angepaßt werden müssen. Verändern Sie, falls erforderlich, die Arbeitsblätter, entwickeln Sie Ihr eigenes, persönliches Ablage- und Ordnersystem. Verwenden Sie die Planungsmethoden und -techniken, wenn es angebracht ist. Lassen Sie es nicht zu, daß Sie durch den Gebrauch von Formblättern und bestimmten Vorgangsweisen von Ihrer Arbeit abgelenkt werden.

Bewahren Sie dieses Programm leicht erreichbar auf, um jederzeit in der Lage zu sein, nachzuschlagen. Damit Sie Ihre Fortschritte überprüfen können, machen Sie sich eine Notiz, das Buch in drei Monaten wieder durchzusehen.

Viel Glück!

19 *Elwood N. Chapman*
Verkaufstraining – Einführungskurs
Psychologie des Verkaufens – Fragetechniken – Verkaufsabschluß – Telefonverkauf

36 *Wolfgang J. Nalepka*
Grundlagen der Werbung
Anzeigen/Flugblätter/Prospekte/Direktwerbung/Plakate/Hörfunk-Spots

41 *Charles Mallory*
PR-Power
PR-Kampagnen entwickeln/Medienkontakte/ Interview-Tips/Checklisten für PR-Aktionen

43 *Mary Averill/Bud Corkin*
Netzwerk-Marketing
Die Geschäfte der 90er-Jahre

47 *Kurt Bauer/Karl Giesriegl*
Druckwerke und Werbemittel herstellen
Wie Sie mit Satz, Repro, Druck und Papier umgehen

50 *Helga Zimmer-Pietz*
Professionelles Texten
Briefe/Werbetexte/Pressemitteilungen/ Produktbeschreibungen – Praktische Tips und Checklisten

Controlling/Finanz- und Rechnungswesen

9 *Peter Kralicek*
Grundlagen der Finanzwirtschaft
Bilanzen/Gewinn- und Verlustrechnung/Cashflow/Kalkulationsgrundlagen/Finanzplanung/ Frühwarnsysteme

21 *Terry Dickey*
Grundlagen der Budgetierung
Informationsgrundlagen – effiziente Planung – Techniken der Budgetierung – Prognosen und Controlling-Ergebnisse

24 *Roman Hofmeister*
Management by Controlling
Philosophie – Instrumente – Organisationsvoraussetzungen – Fallbeispiele

34 *Peter Kralicek*
Grundlagen der Kalkulation
Kosten planen und kontrollieren/Kostensenkungsprogramm/Preisuntergrenzen und Zielpreise/Methoden/Fallbeispiele

35 *Candace L. Mondello*
So kommen Sie schneller zu Ihrem Geld
Inkassosysteme/Kreditprogramm/Risikokontrolle

Wirtschaftsrecht

31 *Horst Auer (Österreich)*
Ulrich Weber (Deutschland)
Rechtsgrundlagen für GmbH-Geschäftsführer
Geschäftsführung und Vertretung – Weisungen – zivil- und strafrechtliche Haftung – Abgaben-, Sozialversicherungs-, Gewerbe- und Verwaltungsstrafrecht – Gesetzestexte, Musterverträge

Personal

12 *Robert B. Maddux*
Professionelle Bewerberauslese
Interviews optimal vorbereiten – Stärken- und Schwächenkatalog – die sieben unverzeihlichen Fehler – Kriterien für die richtige Entscheidung

Arbeitstechniken

❷ *Marion E. Haynes*
Konferenzen erfolgreich gestalten
Wie man Besprechungen und Konferenzen plant und führt

❹ *Sandy Pokras*
Systematische Problemlösung und Entscheidungsfindung
Der 6-Stufen-Plan zur sicheren Entscheidung

❺ *Steve Mandel*
Präsentationen erfolgreich gestalten
Bewährte Techniken zur Steigerung Ihrer Selbstsicherheit, Motivationsfähigkeit und Überzeugungskraft

❽ *Carol Kinsey Goman*
Kreativität im Geschäftsleben
Eine praktische Anleitung für kreatives Denken

⓰ *Joyce Turley*
Schnellesen im Geschäftsleben
Bewährte Techniken zur besseren Bewältigung der Informationsflut

⓱ *James R. Sherman*
Plane deine Arbeit – arbeite nach deinem Plan
Planungstypen und -modelle – die 8 Planungsstufen

㉓ *Robert B. Maddux*
Erfolgreich verhandeln
Entwicklung einer Gewinn(er)-Philosophie – 8 schwerwiegende Fehler – 6 Grundschritte zu professioneller Verhandlungstechnik

㊺ *Gabriele Cerwinka/Gabriele Schranz*
Professionelle Protokollführung
Objektiv und sachlich/logisch und übersichtlich gegliedert/klar und deutlich formuliert/mit vielen Beispielen

Folgende Titel der Reihe »50 Minuten zum Erfolg« sind lieferbar:

Persönlichkeitsentwicklung

7 *Marion E. Haynes*
Persönliches Zeitmanagement
So entkommen Sie der Zeitfalle

22 *Sam Horn*
Konzentration
Mit gesteigertem Aufnahme- und Erinnerungsvermögen zum Erfolg

25 *Sam R. Lloyd/Christine Berthelot*
Selbstgesteuerte Persönlichkeitsentwicklung
Selbsteinschätzung – Erwartungshaltungen und Lösungen – verbesserte Führungsfähigkeiten – Persönlichkeitsentwicklungsprogramm

26 *Elwood N. Chapman*
Positive Lebenseinstellung
Ihr wertvollster Besitz

30 *Michael Crisp*
12 Schritte zur persönlichen Weiterentwicklung
Selbstbewußtsein/Kommunikation/Partnerschaften/berufliche Fähigkeiten/Kreativität

33 *Barbara J. Braham*
Lebenssinn und persönliche Erfüllung
Die 5 Blockaden/Der Lebenszyklus/Neue Dimensionen

37 *Merrill F. Raber/George Dyck*
Topfit
Mentale Gesundheit/Umgang mit Streß/Sich selbst und andere verstehen

39 *Jeffrey E. Lickson*
Verbessern Sie Ihre persönliche Lebensqualität
Psychologische und soziale Blockaden auflösen/Stärken erkennen/Ziele setzen/Selbstbewußtsein stärken

51 *Lynn Fossum*
Ängste überwinden
Selbstvertrauen stärken/Ängste verstehen, bewerten und abbauen

53 *Paul R. Timm*
Erfolgreiches Selbstmanagement
5-Stufen-Plan zur Entwicklung von: persönlicher Leistungsfähigkeit, Zeitmanagement und Arbeitstechniken, besonderen Talenten

54 *Reinhard Zehetner*
Ich muß bei mir selbst beginnen
Anregungen und Impulse zu Kommunikationsprozessen in Betrieben und im alltäglichen Leben

Kommunikation

6 *William L. Nothstine*
Andere überzeugen
Ein Leitfaden der Beeinflussungsstrategien

13 *Phillip Bozek*
50 Ein-Minuten-Tips für erfolgreichere Kommunikation
Techniken für effizientere Konferenzen, schriftliche Mitteilungen und Präsentationen

32 *Stefan Czypionka*
Umgang mit schwierigen Partnern
Erfolgreich kommunizieren mit Kunden, Mitarbeitern, Kollegen, Vorgesetzten u. a. m.

52 *Emil Hierhold/Erich Laminger*
Gewinnend argumentieren
konsequent/erfolgreich/zielsicher

Weiterbildung

12 *Paul F. Röttig*
Fit für den Arbeitsmarkt
Ein praktischer Leitfaden und Ratgeber für Berufsauswahl, Einstieg und Wiedereinstieg, Sicherung des bestehenden Jobs, Strategien nach dem Job-Verlust

15 *Diane Berk*
Optimale Vorbereitung für Ihr Bewerbungsgespräch
So bekommen Sie Ihren Traumjob